Petites chroniques des cigales

Magali Fillol

Petites chroniques des cigales

Flammarion

ISBN : 2-08-067599-0

Avec le vieux porte-plume, j'ai retrouvé des coins de chez nous couleur de miel, où les bastidons ont fière allure.

Lorsque les saisons devancent le calendrier et que la noblesse du geste engrange les traditions, tout le terroir est en fête.

Pour des messages de tendresse, les vieux visages dessinent les rides. Le petit berger croit qu'il y aura toujours des chemins pour la transhumance, et un oreiller d'étoiles pour poser ses rêves.

Là-bas, la Méditerranée murmure une légende aux tamaris ébouriffés, pendant que la colline habille d'argent l'olivier.

Et moi, j'ai le chant des cigales plein le cœur.

Magali

Le vieux porte-plume

Je l'ai retrouvé au fond du tiroir grinçant de la grande armoire et il m'a rappelé son histoire... Lorsque j'étais une petite fille, le 15 août, nous préparions la procession qui devait nous emmener dans les bois de Costebelle où la « bonne mère », Notre-Dame de la Consolation, nous attendait à l'ombre de sa chapelle.

Dans le quartier, on s'agitait. Les papas ou les frères aînés sortaient leur bicyclette. Sur le porte-bagages était posé un grand panier dans lequel on avait placé de la vaisselle et les verres enveloppés dans un torchon de toile à carreaux rouges et blancs. Une couverture roulée grossièrement épousait le cadre du vélo.

Dans un autre panier plus vaste, le pique-nique attendait nos jeunes dents de loup. Puis, avec un certain désordre, on prenait le chemin qui mène à Costebelle. Bien sûr, la caravane de bicyclettes nous précédait. Nos mamans et grands-mères veillaient à la bonne marche de l'expédition et nous prenions plaisir, nous les enfants, à nous attarder au passage à niveau dans l'espoir de voir filer la grosse locomotive empanachée de fumée.

La grimpette vers le premier oratoire demandait un certain rythme. On nous grondait, on essayait quelques phrases de morale, mais nous, les pitchounets, n'avions qu'une idée en tête : ce repas sur l'herbe et cette journée en plein air où, entre deux prières, nous pouvions nous ébattre pleinement. Il y avait quelques camelots qui sur de maigres tréteaux posaient des planchettes où s'alignaient médailles, chapelets et quelques bouteilles d'eau bénite.

Un de ces camelots avait vendu à grand-mère le fameux porte-plume blanc.

En son milieu, un fenestron rond était serti, tandis que le manche était découpé telle une fine dentelle. Je ne saurais dire la matière dans laquelle était taillé cet objet. Petite fille, j'étais surtout intriguée par un hublot au verre légèrement rebondi qui semblait garder tout un mystère. J'ai humecté mon index, l'ai passé délicatement sur ce hublot et j'ai collé un œil pour regarder. C'est alors que j'ai vu une Vierge tout au fond, qui me souriait avec indulgence.

Dans le tiroir grinçant de la grande armoire, j'ai pris délicatement le vieux porte-plume et l'ai réchauffé avec une poignée de souvenirs.

Il suffit de trouver de nos jours une vieille carte postale, une photo décolorée ou un objet délaissé pour qu'un bouquet d'images anciennes sautille dans notre tête et donne à notre cœur un rythme de tendresse.

I

À ma mère

Le bastidon de mamé

Il accrochait le regard, par sa treille grimpante, qui accordait au vieux banc une agréable fraîcheur. Le lierre enveloppait avec précaution les pierres grises du puits, étirant vers la margelle des feuilles assoiffées.

Une touffe de farigoulette offrait ses délicates fleurettes à l'abeille gourmande. Sur l'appui du fenestron* trônait un grand pot de balicot* dont le parfum enivrait la grappe de pendelotes* qui rougissait de plaisir. Les persiennes mi-closes laissaient filtrer l'odeur aigrelette et feutrée à la fois du figuier écrasé par le soleil.

Je poussai la porte du bastidon, une sarabande d'odeurs et de parfums m'éclaboussa. Je restai un instant les yeux fermés pour les savourer pleinement.

L'odeur du bastidon de mamé, mon arrière-grand-mère, c'était tant de choses...

La fumée âcre du feu de bois épousait la lampe à pétrole. Les portes grinçantes de la vieille armoire s'ouvraient sur une bergamote étoilée de clous de girofle. L'immense penderie laissait traîner dans son fond quelques boules de naphtaline.

La sobre commode, aux tiroirs profonds, offrait des effluves de lavande.

Chaque mouvement de mamé, depuis toujours, laissait traîner un doux parfum de verveine.

Avec la mamé, le parfum du bastidon a disparu. Pourquoi ne l'ai-je pas retenu dans le creux de ma main ? Peut-être, comme le sable, aurait-il glissé entre mes doigts.

Mes lèvres laissent échapper un soupir : mélancolie... Sur ma joue glisse une larme, que j'écrase rageusement : nostalgie...

La gloire de mémé

« Si Pagnol avait connu ma mémé, il aurait, de sa plume chantante, écrit sa gloire... » C'est par ces mots que Léonard m'a accueillie dans sa bastide de la vallée. Même de loin on la trouve belle, cette bâtisse imposante, plus large que haute, aux fenêtres guillerettes qui s'ouvrent sur une campagne très verte, truffée de chants d'oiseaux.

Avec une certaine impatience, j'attends le récit du paysan ; et le vieil oncle est venu s'asseoir près de l'olivier. Il veut aussi écouter... Cet homme coiffé depuis toujours d'une casquette de braconnier est tout en rondeurs, avec peut-être une ressemblance à Tartarin. Pour se déplacer, depuis quelque temps, il s'appuie sur une canne, maudissant un genou « fada ». Écoutant la voix de Léonard, les cigales ont arrêté leur chant, pendant que l'homme de la terre vibre au diapason d'une grande tendresse.

« Mémé, toujours vêtue simplement, gardait la

distinction, la démarche et une allure de reine. Elle glissait dans ses yeux, par touches délicates, du rire et de l'émotion. Quant à ses reparties, elles étaient imbibées d'une logique enracinée dans une sagesse acquise en arpentant le chemin caillouteux de la vie. Mémé avait le secret des meilleures recettes du canton et, lorsqu'elle les communiquait, elle en goûtait chaque mot avec gourmandise.

« J'étais, dit Léonard, un tout petit garçon lorsqu'elle m'a emmené à l'église Saint-Louis. Elle a contemplé longuement la grande rosace du vitrail et je l'ai entendue murmurer : un vitrail naît le matin et meurt le soir... c'est le jeu de la lumière... puis elle a joint ses mains et a prié.

« Pour garder dans sa voix toute la chaleur de l'accent, depuis son enfance, elle se gavait de rayons de soleil et s'inventait des souvenirs au parfum de regret. »

Afin de masquer sa sensibilité, l'ounclé racle un peu sa gorge, en taquinant, du bout de sa canne, une grosse fourmi aux reflets auburn. « Dès l'automne mémé ramenait des pleins paniers de cèpes aux pieds rebondis, et après les orages elle partait à la recherche des escargots qu'elle choisissait avec soin. Elle préférait ceux à la coquille grise avec des striures d'un dessin marron. De ses escapades elle revenait avec des joues roses et sur les lèvres un sourire débordant de jeunesse... »

Léonard ne parle plus... Une cigale a repris son chant avec force, alors je pense... que si M. Pagnol l'avait connue, il aurait écrit avec de l'encre rose : *La Gloire de mémé*.

Forêstine

Village ou hameau, qu'importe puisqu'il est là dans le creux d'une vallée provençale, ensoleillant ses vieux toits de tuiles roses. Sur le versant d'une colline, une houle de fleurs d'amandier descend jusqu'à la route.

Se parfumant de mimosa et de violettes, le printemps hésite à faire son entrée, dans les petits matins frisquets, pendant qu'une vieille fontaine au fronton gravé d'une date laisse couler son eau, se grisant des saisons.

C'est ici que vivait Forêstine. Elle racontait en faisant respirer les phrases, dans la force des souvenirs, transmettant à chaque mot la vibration des moments heureux. Ces moments-là donnaient du rose à ses pommettes et faisaient briller son regard bleu pervenche.

Elle abritait ses récits tout près d'un massif de marguerites jaunes, baptisé par la vieille femme « petit soleil ». À deux pas de la maisonnette, dans un potager, poussaient des légumes qui lui garantissaient de succulentes soupes. Forêstine chantait dans la chorale du père Bonnefoi, curé de la paroisse, et on pouvait entendre sa voix de soprano sous les voûtes de la petite église où les cantiques du dimanche ravivaient l'éclat des vitraux.

Sa maisonnette était voisine d'un bastidon séparé par un muret maigrichon de pierres branlantes. Ce bastidon était fermé depuis plus de deux ans, et voilà qu'il ouvrait ses volets sur une carrure d'homme au visage mangé par une barbe grisonnante et épaisse à la fois.

Dès le matin, d'une pipe sculptée d'une tête de marin, il enfumait tout ce coin de campagne, buvant un café fortement arrosé de rhum. Forêstine n'appréciait point ce nouveau voisin qui avait modifié le nom de la bastide. « La Treille Muscade » s'était effacée pour prendre le nom du « Dernier Port »...

Ce jardin mitoyen avait changé d'allure, avec ce pirate qui avait parcouru mers et océans. Sous la véranda, il avait installé un hamac en grosses mailles pour bercer siestes et rêves vagabonds. Près du portillon de l'entrée, avec audace, il avait planté une ancre de marine qui se couvrait de rouille. Alignés sur la margelle grise du puits, des coquillages aux reflets safran se prélassaient.

Au centre de son lopin de terre, il avait fixé une éolienne munie d'un sifflet qui jouait avec le vent et lançait des sons stridents. D'une voix rocailleuse brûlée par le tabac et les embruns, il aimait dire qu'il avait choisi ce coin de Provence pour ses parfums et ses couleurs.

Il avait apprivoisé un gabian* persifleur qui chaque matin réclamait sa pitance. Lorsqu'on demandait à Forêstine l'origine de son prénom, elle mettait dans sa voix, avant de répondre, l'expression d'une tendresse infinie : « Mon père était bûcheron dans les Maures et me disait que la fée qui se promenait dans les forêts s'appelait Forêstine. »

C'est avec étonnement que notre vieille femme avait découvert un matin de la Saint-Valentin, sur le muret, une branchette de mimosa où se blottissait un bouquet de violettes sauvages. Tandis que sous la véranda un pirate se balançait au creux d'un hamac, faisant éclater un gros rire.

Mon histoire est née dans une vallée provençale où il fait bon vivre, près du versant d'une colline, avec ses amandiers qui déversent jusqu'à la route une houle de fleurs...

Le joyeux piadon*

Quand on demandait à Zidore quel était le nom du coin de Provence où il s'était retiré, dans un ricanement plein de malice, il répondait : « Entre lune et soleil. »

Il arrivait d'un village plus haut que le Var (selon son expression). Cet endroit aux parfums de lavande, aux sillons couleur de miel était connu de tous, mais pour lui être agréable, nous faisions mine de l'ignorer. Ce quasi-mystère l'emplissait d'une joie enfantine qu'il camouflait sous un air hargneux.

Malgré son attitude quelque peu rébarbative, il était sympathique, ce rapplot* au visage cuivré par le soleil où deux yeux d'un bleu intense retenaient l'attention. Sa voix aux intonations rugueuses gardait la puissance de l'homme vivant au pied d'une montagnette où dégringole la limpidité d'une cascade.

Vers le 15 mars, chaque année, il ouvrait portes et volets de son cabanon près de la mer. Le nettoyage du printemps s'imposait après le long sommeil des jours d'hiver.

Notre brave Zidore, fidèle à la tradition, ravivait quelques peintures fanées et fixait sur le portillon grinçant la pancarte en bois aux lettres ternies. Cependant, on devinait encore l'inscription dévorée en partie par le temps : le joyeux piadon.

Zidore avait, il y a longtemps, baptisé ainsi ce cabanon que lui avait légué le papé. Lorsqu'il était un « pitchounet » son grand-père l'appelait le piadon. Le vieil homme était un véritable pescadou*, admiré par le petit, et même à travers la marche des jours il était toujours présent dans sa pensée.

Dès qu'il se montrait, Augusta, la sœur de Zidore, cuisinait fièrement, avec le savoir-faire des anciens transmis depuis plusieurs générations, un délectable ragoût de morue.

On n'ignorait point son retour, car depuis trois jours les voisins avaient aperçu dans le petit lavoir d'Augusta un tian* où trempaient des morceaux de ce poisson. Ces retrouvailles entre parents et amis autour d'une table donnaient naissance à une ambiance toujours dominée par les rires. On s'inventait des histoires en remuant avec précaution des moulons* de souvenirs qui faisaient éclater des feux d'artifice de souvenirs apportant à chaque regard une lumière.

On dénudait avec pudeur les jours heureux

d'une insouciante jeunesse. Dans la simplicité du quotidien, on dénichait le bonheur.

C'était dans la bousculade des mots qu'on essayait de retrouver les paroles des chansons de Vincent Scotto. C'est alors que Zidore mettait dans le fond de sa gorge toutes les roucoulades de Tino Rossi. Il dominait de sa voix l'assemblée, qui prêtait l'oreille à l'inusable sérénade : « Pour t'avoir au clair de lune, un soir sur mon bateau... » et l'accompagnait du geste du rameur.

Au centre de la table une bouteille de vin clairet semblait emprisonner de la poussière... d'étoile.

Bonne nuit joyeux piadon !

Tout le monde aimait César

Tout le monde aimait César. Il était naïf et doux comme un agneau. Sa mère couvait avec un amour extraordinaire ce fils qui avait conservé son âme d'enfant.

Toujours très soigneusement vêtu, César arpentait les rues de la haute ville où il habitait, une immense casquette vissée sur la tête. Il se promenait en sifflant comme un rossignol car il avait une oreille très musicale. Parfois, il s'arrêtait et demandait à un voisin : « T'as pas une cigarette ? » Et il fumait en tirant de grandes bouffées, rejetant la fumée vers le ciel, la tête penchée en arrière...

Tout le monde aimait César et, à chaque fête de quartier, une place d'honneur lui était réservée. Car César était porte-drapeau. C'est lui qui venait en tête des cortèges, brandissant fièrement la bannière du quartier en fête. Il précédait la cacophonie de la fanfare : un tambour, un clairon, un accordéon. Derrière lui venaient les flambeaux : des lampions de papier plissé en accordéon autour d'une bougie balancée par les enfants au bout d'une canisse.

C'est comme ça que s'ouvraient toutes les fêtes. Mais il y en avait une où César avait un rôle encore plus important : la fête de la Rascasse qui avait lieu sur la place de la Commanderie des Templiers. Là, avant la Seconde Guerre mondiale, il y avait un marché couvert avec notamment des étals de poissonnerie ; un marché auquel on accédait par deux escaliers et tout autour duquel fleurissaient les bancs colorés des revendeurs.

Lors de cette fête de la Rascasse, préparée avec frénésie, après les jeux, on élisait toujours une Miss. Et qui était chargé de faire la bise à l'heureuse élue et de lui offrir un beau bouquet de fleurs ? César, bien sûr, toujours gentil, toujours content.

Tout le monde l'aimait, ce César, et certains de la haute ville en parlent encore avec des larmes dans les yeux. Ce n'est pas forcément le brio qui s'inscrit le mieux dans les mémoires. La gentillesse, la douceur ont parfois, quoi qu'on en dise, une force terrible...

Sauveur le cordonnier

Il suffit d'une chanson cueillie au passage, d'un parfum qui flotte dans l'air, d'un objet, d'une chose qu'on regarde et... tout à coup, voilà qu'un souvenir s'impose à votre pensée, avec la fragilité et la transparence d'une bulle de savon.

Dans la vitrine d'un magasin de chaussures, une paire de sandales porte des croisillons de cuir et d'épaisses semelles semblables à celles que chaussaient les adolescentes d'après guerre. Lili, authentique Hyéroise, lance : « La mode, c'est un éternel recommencement. »

Satisfaite de sa constatation, Lili est repartie, me laissant seule devant cette grande vitrine où, par leur présence, les semelles en bois effacent et repoussent dans l'ombre toutes les chaussures exposées. C'est à ce moment-là que j'ai revu l'échoppe de Sauveur, le cordonnier de la rue du Temple.

De bon matin, le savetier sifflait comme un canari, en décrochant les vantaux de l'atelier, puis, avec un geste lent et précis, nouait autour de sa taille un grand tablier de cuir usé qui descendait jusqu'aux genoux.

Garçons et filles du quartier, nous aimions venir sentir l'odeur du cuir, du cirage, de la poix chauffée, tout en écoutant le rythme du marteau sur les semelles ou talons usés.

Souvent, le brave cordonnier, tout en nous grondant, extirpait de nos doigts maladroits des piquants d'oursins ou de figues de Barbarie, en les recouvrant d'un petit peu de poix tiède. Ces petits cataplasmes bruns permettaient de les retirer avec autant de douceur que d'efficacité.

Après le traitement et la gronderie, il s'adressait au « piqué » : « Pour ta peine, tu iras dans la colline de Manen (aujourd'hui appelée le Paradis). Tu verras, dans le fossé qui longe le grand mur de pierre autour de la villa aux eucalyptus, des pneus qu'on y a jetés. Tu prendras seulement ceux des "pétrolettes" et tu les ramèneras ici. »

Pour nous acquitter d'une telle tâche, nous prenions des cordes afin de lier ces grandes couronnes de caoutchouc que l'on traînait comme autant de bateliers de la Volga, avec des « oh ! hisse ! », pour arriver en désordre dans la rue du Temple.

Dès notre retour, Sauveur examinait les pneus sous toutes les coutures, en choisissait un et coupait dans la masse en faisant un effort qui l'obligeait à tirer la langue sur le coin de sa bouche.

Il prenait une paire de chaussures dont la semelle en bois était mâchouillée par les pavés et la recouvrait d'un morceau de pneu qu'il maintenait avec une poignée de petits clous.

Devant la vitrine, j'ai cru un bref instant sentir l'odeur du cuir, du cirage et de la poix chauffée. Ce parfum s'était blotti dans un coin de ma pensée et, léger comme une bulle de savon, est reparti, laissant suspendu à mon regard le lien d'un passé proche et lointain à la fois.

Castagnade et chansons

C'est dans la bastide d'Iréné, blottie dans la fraîcheur de la vallée de Sauvebonne, que se réunissaient parents, amis et voisins, pour la Saint-Martin.

La « mamette » disait toujours : « À la Saint-Martin, la châtaigne et le vin nouveau. » Et le vieux Dado reprenait de sa voix grelottante : « À la Saint-Martin, bouche le tonneau et goûte le vin. » Le dicton à peine achevé, il remplissait un verre, puis le mirait dans la clarté d'une fenêtre, et d'un geste lent le buvait en fermant à demi les yeux.

Tistou, l'ami du « papé », désertait pour quelques jours son village des Basses-Alpes. Il arrivait dans sa camionnette qui grinçait comme une diligence, nous apportant pot de miel, petite fiole d'alcool de lavande, et une poignée de truffes.

Alphonse, que l'on appelait « le pirate », avait bourlingué sur toutes les mers du globe. Il nous donnait, après chaque repas, sa chanson, « La Tonkinoise », qu'il rythmait de mouvements de mains.

Les soirs de castagnade, « mamé » préparait les brochettes de grive, et Julot allait ramasser sur les bords des fossés la salade « féroce » qu'on préparerait dans un grand tian en y ajoutant des croûtons frottés à l'ail.

Victorine faisait le dos rond devant la cheminée tout en surveillant les brochettes de grive, en retournant les larges tranches de pain qui recevaient goulûment le jus des oiseaux tout en se dorant.

Les sartans* trouées étaient prêtes pour la castagnade qui allait se prolonger presque jusqu'au petit jour, et le vin clairet mettrait dans chaque regard de minuscules « bélugues ». C'est le moment où chacun poussait sa chansonnette : Toinon et Léon chantaient le duo de Mireille, rêvant tous deux à leur premier baiser. Iréné nous parlait de ses souvenirs de guerre et de ses gaietés d'escadron. Copiant le geste symbolique de Napoléon, il raclait sa gorge avant d'entonner : « Les voyez-vous les dragons, les hussards de la garde ? » Et pourtant, j'ai appris il n'y a pas très longtemps qu'Iréné avait imaginé un passé militaire parce qu'il n'avait jamais accepté d'être réformé. C'est un peu la vérité du dimanche, m'a dit Yvan Audouard, on n'a pas le droit de se priver de ce plaisir, alors il faut faire semblant d'y croire.

Émilie, l'œil humide, chantonnait d'une voix doucette « Les roses blanches » et prenait un mouchoir léger en tissu blanc qu'elle gardait dans son corsage.

Au loin, le coq de Scipion, l'apiculteur, saluait avec force les premières lueurs du jour. Un vent gringalet se réveillait, gardant dans son faible souffle tous les parfums de la nuit.

Une toute petite souris, en titubant, a traversé la pièce où nous étions. Elle était ivre de notre joie. Dans l'angle du mur près de la cheminée, elle s'est arrêtée pour grignoter des miettes de châtaignes et prêter l'oreille à nos chansons.

Dans la semi-obscurité, ses petits yeux brillaient pour remercier castagnade et chansons.

Le baptême d'Angelica

Par un sourire, mémé plisse le coin des yeux, puis rassemble des souvenirs et, avec un réel plaisir, aime les raconter.

« Tout le quartier prenait un air de fête pour le baptême d'Angelica, la petite dernière de Caroline. À cette occasion, il fallait s'endimancher, rivaliser d'élégance. C'était l'avant-première du salon des stylistes. Dans l'épanouissement de ses seize ans, Gina portait un corsage en satin rose qui souriait sur sa poitrine.

Les chapeaux des dames s'affrontaient dans l'extravagance de leur surcharge de fleurs, de fruits, et surtout d'oiseaux. Les larges cravates en soie de couleurs agressives brillaient sur les chemises blanches aux plastrons plissés, comme des camisoles de nonnes.

Guitte, pour la première fois, avait chaussé des escarpins. Elle marchait à pas rapprochés pour ne pas "esquicher*" ses "agassins*" et se dandinait comme un pingouin.

De temps en temps, elle épongeait son front brillant de sueur, victime de la contrainte d'une gaine meurtrière, responsable d'une "estouffade*".

Alexandron rabattait sur les yeux son chapeau de feutre noir. Ce jour-là, sa démarche était chaloupée façon Jean Gabin.

Sylvio donnait un véritable concerto de mandoline, s'accompagnant d'un regard où coulaient les lueurs d'un lointain Vésuve.

Les grands-mères, les mammas, les tantes, depuis deux jours mijotaient la daube dont le parfum se promenait dans les ruelles. Les blettes étaient lavées avec soin à la fontaine, pendant que sur la grande table de la cuisine les petits sacs de farine attendaient patiemment l'instant où l'on pétrirait la pâte. Les jeunes tantes, à l'aide d'une roulette dentée, découpaient avec précaution les raviolis.

Pour imiter les ténors italiens, Pepino raclait bruyamment le fond de sa gorge, ajoutant quelques vocalises afin de faire éclater un *"O sole mio"*. Son œil brillant provoquait un frémissement sur sa moustache, taillée à la Dario Moreno.

Carmilla râpait le fromage en murmurant une berceuse. Le vieux Pego*, légèrement voûté, dépoussiérait les « fiasco » de vin en sifflant des tarentelles*. Tonia portait avec ravissement plusieurs rangées en verroteries colorées et travaillées de pacotilles.

Avec des brègues* de six pans, devant le sac de Julia recouvert de perles clinquantes, elle s'exprimait avec acidité en faisant remarquer, "C'est une démesure et un étalage de mauvais goût", pointant son doigt sur le sac.

Dans un bouillonnement de dentelles, bébé Angelica était portée par une jeune marraine, et le parrain avait les poches emplies de pièces de monnaie, à jeter dès la sortie de l'église. Alors, les enfants se groupaient en se bousculant un peu, pour le ramassage des pièces.

L'épicière au chignon insolent redoutait l'arrivée de la meute enfantine, pleine d'exigences pour le choix des bonbons. »

Mémé, avec la couleur des mots, aime endimancher ses récits.

Le caroubier

Malgré ses quatre-vingts ans, Victorine garde un regard bleu layette. C'est avec beaucoup de passion qu'elle me conte ses jeunes années.

« Lorsque la place de la Rade était magnifique avec ses majestueux platanes, les fêtes foraines s'installaient pour quelques jours au son des flonflons.

Les odeurs de praline, chichi, barbe à papa, flottaient au-dessus des baraques et des manèges.

Les Gitans arrêtaient leur roulotte face au théâtre Denis où leurs chevaux étaient attachés aux anneaux scellés dans le mur voisin du presbytère.

Avec quelques copains du quartier, nous allions écouter la guitare d'un vieux Gitan. Nous étions fascinés par ce peuple différent dont les femmes au lourd chignon portaient de grands anneaux d'or aux oreilles et de longues jupes à volants colorés.

Le jardin Denis était ceinturé d'une très belle grille.

Son parc était magnifique. Depuis qu'on l'a rétréci, il est tristounet et té ! regarde, le Duc d'Anjou, depuis il fait les brègues. Tu vois, là-bas (du doigt elle montre un coin froid de la place), il y avait un caroubier : on y cueillait des caroubes en se bousculant ; on en bourrait nos poches, qui se vidaient lors des distributions aux chevaux des Gitans.

Tu sais, un caroubier, c'est un bel arbre avec son feuillage persistant. Son tronc est recouvert d'une écorce rugueuse gris-brun, ses branches sont noueuses, ses fleurs sont très odorantes ; quant à ses fruits, gourmandises des chevaux, ils sont noirâtres.

Avec cette transformation, la place de la Rade repousse tous mes souvenirs (un soupir). Je cherche en vain l'endroit où le caroubier accrochait nos rires d'enfants...

Je ne retrouve plus rien... pas même un vrai chant d'oiseau, dans ce morceau de jardin où les fontaines donnent un glouglou discordant en faisant la grimace.

Heureusement qu'on trouve au kiosque tout proche, sur un présentoir, les cartes postales du passé. Peut-être qu'elles forgent en notre mémoire ce que nous ne devons pas oublier... »

En nouant rageusement un foulard sur sa tête, malgré ses quatre-vingts ans, Victorine m'a quittée en pressant le pas...

Baptistine

Boulotte, les avant-bras potelés comme ceux d'un bébé, un visage rond retenant l'intensité d'un regard brillant faisant ressortir le blanc nacré de sa peau, elle fredonnait des lambeaux de chansons qui lui donnaient quelques images du passé.

Baptistine était repasseuse. Elle habitait un petit appartement au troisième étage d'une grande maison au passé historique, située dans la haute ville.

Je pense souvent à cette brave femme qui traversait les saisons, tenant inlassablement dans sa main ridée, à travers la patte de chiffon, la poignée du fer à repasser brûlant.

Au centre de sa cuisine se trouvait un poêle à l'enveloppe de fonte, aplati par endroits pour permettre de poser le fer et de le chauffer à nouveau. Sur une table au plateau très large, protégé par un molleton épais, étaient posés divers vêtements à repasser. Certains chemisiers, au jabot festonné, nécessitaient un traitement au fer à tuyauter ou à godrons, une espèce de fer à friser aux extrémités arrondies.

L'été, lorsque le poêle gavé de boulets de charbon ronronnait, le front de Baptistine se recouvrait de petites perles de sueur. En souriant, elle s'épongeait et me disait : « Vois-tu, Magali, mon métier me couronne très souvent de perles. »

Un gros chat au poil usé par la vieillesse lui tenait compagnie. Fripon suivait chaque geste de sa maîtresse avec une tendresse touchante.

J'aimais bien venir bavarder avec Baptistine et goûter sa soupe dont la saveur imprègne encore mes papilles du goût agréable du passé.

« Pourquoi n'as-tu pas de mari ?... » Mon jeune âge me permettait de poser ce genre de questions sans paraître pour autant indiscrète.

Baptistine racontait si bien que ses récits avaient pour moi l'attrait d'une époque inconnue. Ah ! je dois vous dire que chacun de ses fers portait ses initiales, « B. C. ». Elle me disait que, lorsqu'elle travaillait en atelier, chaque repasseuse devait avoir ses fers gravés.

À certaines questions, elle faisait la sourde oreille. Pourtant, un jour elle m'a dit : « Lorsque je chantonne, je songe à un visage, à une silhouette. Il était très beau. En pensant à lui je chante “Je t'ai rencontré simplement et tu n'as rien fait pour chercher à me plaire”... » Le reste se perdait dans un murmure, une perle glissait sur sa joue. Confuse, elle l'écrasait. Cette chanson a pour titre « Fascination »...

J'ai pris le fer à repasser aux initiales « B. C. » qu'un jour Baptistine m'a offert pour le souvenir, et je crois bien que j'ai entendu une chanson, celle qu'elle chantait : « Je t'ai rencontré... »

Dans un petit appartement, au troisième étage, où il faisait très chaud l'été et où ça sentait bon la soupe.

Avec un petit bouquet d'anémones

Pour me rendre au cimetière, j'emprunte un sentier bordé d'un muret, souvent utilisé en guise de banc. Assis sur une des pierres plates, Augustin, le vieux paysan de la Grand-Terre, le regard triste, perdu au loin, semble poursuivre un souvenir serein et douloureux à la fois.

Presque sur la pointe des pieds, j'arrive à ses côtés et l'observe. Plutôt petit, ramassé, le cou enfoncé dans ses robustes épaules, le front plissé par le soleil, ses sourcils roux ont blanchi dans un visage couleur d'argile. Dans ses grandes mains aux veines saillantes, il tient un modeste et fragile bouquet d'anémones. Avec un sourire presque timide, il salue délicatement ma présence.

« Bonjour, Augustin. » Pour m'adresser à lui, j'ai mis dans ma phrase beaucoup de tendresse. Je lui fais part de mon étonnement. Qu'attend-il dans ce sentier ?

Le brave paysan lève vers moi ses yeux pâles où se mire le ciel de Provence. Lentement, montrant de son index la cime du cyprès, il m'explique : « Vois-tu, Magali, lorsque le haut de l'arbre semble balayer le ciel et cacher le soleil, je sais que la tombe de Norine est à l'ombre. C'est à ce moment-là que je vais vers le cimetière. » Il plisse un peu les lèvres et se ravise aussitôt.

« Norine était la fille du propriétaire du domaine mitoyen du nôtre. Nos parents, d'un commun accord, ont organisé notre mariage. C'était une brave fille, honnête et travailleuse. Entre nous, bien sûr, ce n'était pas le grand amour, mais nous avions l'un pour l'autre une estime et une amitié profondes. »

Un gros soupir soulève sa poitrine : « Sais-tu qu'elle m'a donné trois beaux enfants ? Elle s'occupait de la maison, elle était dans le jardin pour les récoltes. Toujours d'humeur égale, elle apportait à chacun de nous l'affection, la tendresse et la sécurité du lendemain. J'ai traversé une partie de ma vie à ses côtés, sans attacher à sa présence beaucoup d'importance. Eh oui, c'était le quotidien. Devant la fenêtre à cette époque-ci, il y avait toujours un petit tapis d'anémones. C'étaient ses fleurs préférées. Elle disait avec un sourire en les regardant : "J'ai l'impression qu'une grande famille de papillons s'est posée là pour me saluer dès le matin, lorsque j'ouvre mes volets." »

Le chagrin a déformé quelques instants le visage d'Augustin. Avec lourdeur, il s'est levé et, chemin faisant, à nouveau m'a dit : « Je n'ai jamais dit à Norine que je l'aimais. Alors, maintenant, dès que les anémones fleurissent, je fais un petit bouquet et je le place dans une toupine qui me sert de vase. C'est à ce moment-là que je m'assieds sur sa tombe... et que je lui fais la cour, à ma Norine. »

Avec pudeur, il a détourné la tête pour me cacher son regard humide.

La mère Gallian

Dès la sortie de l'école, filles et garçons, nous descendions, par la petite rue dans une joyeuse bousculade et quelques chicanes. Souvent, d'une voix forte, les garçons chantaient un air de Zorro en faisant de larges moulinets au-dessus de leur tête. Nous allions jusque sur la place qui, le matin, réunissait des revendeurs de fruits et légumes et, en fin d'après-midi, était déserte.

Débordant d'exubérance, on s'éparpillait à la recherche d'un jeu. Nous étions souvent intrigués par le passage d'une vieille femme toujours vêtue de gris. Avec hésitation elle marchait dans la ruelle, semblant compter ses pas, et sa frêle silhouette se dandinait avec fragilité, avant d'être gobée par l'ouverture du porche qui marquait l'entrée de sa maison.

Ses fenêtres, au rez-de-chaussée, s'ouvraient sur la rue. Leur hauteur correspondait à notre taille, et en posant notre nez sur l'appui nous pouvions fouiller du regard l'intérieur de la pièce dissimulée en partie par la noirceur d'un vitrage. Une odeur de fumée âcre filtrait par la fermeture disjointe des panneaux. Seule la flamme frétillante d'une bougie apparaissait parfois après le craquement d'une allumette. Alors, sans échanger un mot, nous restions de longs moments à guetter, la gorge serrée par une petite boule d'angoisse qui assourdissait notre respiration. Dans ces moments-là on n'entendait même plus le grésillement du nez de Célestin, pourtant tracassé par ses indomptables végétations !

Chaque matin, lorsque la cloche de l'école annonçait la rentrée, notre chemin croisait celui de la vieille femme qui montait vers la colline. À son bras, elle avait glissé l'anse d'un grand panier dont elle étouffait le mystérieux contenu sous une toile grise. Le foulard qui serrait sa tête laissait passer une mèche de cheveux sur un front où se mêlaient le blanc et le gris, donnant la couleur poivre-et-sel tellement redoutée des coquettes. En dessous, presque au milieu de son visage froissé, un regard métallique se teintait par moments de vert-de-gris.

La naissance d'un crépuscule s'annonçait par une couleur jaune orangé. Le soleil, se moquant des saisons, courait dans la ruelle, puis s'attardait en léchant la façade de la maison de M. Buissonnade, l'ancien gendarme. À ce moment, au détour de la petite rue, la silhouette grise apparaissait, revenant d'une escapade en colline. Quelquefois une moue de solitude attristait le coin de sa bouche.

Par une matinée du mois de septembre, le soleil patinait les feuilles de la treille qui nous donnait ses plus belles grappes, tandis que le vieux figuier offrait ses fruits craquelés par le sucre. Notre jardinet avait un air de fête. Une petite échelle se prélassait contre le muret, une pancarte en carton y était accrochée : « Interdit de s'en servir. » Pour écrire ces quelques mots on avait insisté sur le « interdit », en le soulignant plusieurs fois. On aurait pu ajouter : « avant rafistolage et consolidation accomplis par l'ingénieur oncle Dado ». Et de fait, cette petite échelle paraissait assez robuste malgré ses deux barreaux légèrement fendillés.

Le figuier parfumait avec insistance ses fruits, et m'invitait sournoisement à une cueillette. Après une hésitation de très courte durée, la pancarte était retirée afin de s'emparer de la plus belle figue gorgée de rayons de soleil, parfumée par le voisinage d'une large feuille aux nervures d'un vert soutenu.

Un craquement sec, puis une chute et mon poignet qui se tordait. Maman hésitait entre la peur et la colère. Sur la figure du tonton, une expression navrée avait rapproché ses sourcils et barré son front. M'empoignant fermement par ma main valide, Maman m'emmenait chez la mère Gallian, en accélérant le pas tandis que je ralentissais la marche dans la crainte du tête-à-tête avec celle que nous appelions la sorcière.

Pour entrer chez la vieille femme, il y avait deux portes privées de serrure. Il suffisait de les pousser. La première grinçait, la seconde gémissait avant de s'ouvrir sur une grande cuisine toute noire. Devant la table sombre, la mère Gallian était assise sur un banc et semblait nous attendre. De ses yeux verts elle me regardait longuement, et d'un signe de la main me demandait de prendre place sur le banc. Avec lenteur je m'asseyais à l'extrémité de la planche, ce qui déplaisait à la vieille femme qui m'ordonnait de me rapprocher d'elle. Malgré la présence de Maman restée près de la porte, un malaise m'envahissait, provoquant une irrépressible moiteur au creux de mes mains.

Tout en palpant mon poignet douloureux, elle accompagnait, interrogeait chaque pression avec de petits mouvements de tête. Puis quittait soudain le banc avec une surprenante souplesse et se dirigeait vers la cheminée. Ses pieds effleuraient à peine le carrelage, et sa façon de marcher faisait penser au cheminement d'une infante. Sur le rebord de cette cheminée, un toupin* rustique trônait, coiffé d'un bouchon grossièrement découpé. De trop petite taille pour le saisir, elle se dressait sur la pointe des pieds en allongeant la totalité de ses bras. Ses gestes étaient empreints de délicatesse, et comme un

Roi mage portant sa précieuse offrande, à petits pas, elle revenait vers la table. D'une main leste elle retirait le bouchon de liège et plongeait le bout de ses doigts pour en retirer une crème épaisse qui sentait la garrigue. Alors, tout en remuant ses lèvres comme dans une prière, avec une infinie douceur, elle massait mon poignet, et à la fin l'enveloppait vivement d'un simple chiffon qui traînait sur la table.

Mais il fallait, dès le lendemain, retourner chez elle pour un nouveau massage... La mère Gallian avait précisé que je devais venir seule. Ce lendemain nourrissait en moi d'encombrantes inquiétudes. Traînant les pieds, mon arrivée chez la vieille femme était pour le moins dépouillée d'enthousiasme. Et pourtant je retrouvais les gestes de la veille, pleins d'une identique douceur, comme si la nuit ne s'était pas écoulée entre les deux visites. De ses petites mains elle retirait le bandage de fortune, s'empressant vers la cheminée où le toupin attendait... Je croyais en ses massages, comme à cette potion au parfum de garrigue et à toute la ferveur de cette femme qui transpirait par le petit tremblement de ses lèvres. Tout cela chassait la douleur et redonnait finalement toute souplesse à mon poignet.

Quand venait l'heure de remercier la vieille femme, il fallait l'embrasser par reconnaissance tout autant que par habitude. Cependant, je ressentais une imperceptible hésitation avant de poser mes bras autour de son cou et deux baisers sur ses joues. Ce visage froissé avait pourtant la douceur d'un foulard de satin, et son regard s'emplissait d'un flot de tendresse trop longtemps contenu.

Qu'allait-elle chercher dans la colline, la Gallian ? Les garçons prétendaient qu'ils savaient les secrets de la sorcière. Et ils prenaient plaisir à nous effrayer avec des récits où serpents et crapauds trouvaient refuge dans le grand panier de la mère Gallian.

Heureusement, un jour la vieille femme m'a tout raconté : « Je vais dans la colline, comme le faisait mon père, pour cueillir des plantes car elles sont sources de bienfaits. Elles peuvent même soigner certaines maladies à condition, bien entendu, de les connaître, de les aimer et de les préserver. »

Ainsi, chaque mois d'août, avec l'agilité d'un cabri, elle grimpait jusqu'aux ruines du château qui dominait la ville. Là, entre deux blocs de lourdes pierres, une ronce avait puisé avec une vigueur peu commune, et ses mûres étaient devenues aussi grosses que des prunes : idéales pour combattre la toux des nourrissons. Elle préparait un sirop avec ces fruits sauvages, sans oublier de confectionner de la confiture pour les enfants du quartier, en espérant qu'un jour ou l'autre ils viendraient la goûter. C'est dans un chaudron cabossé, placé sur un trépied au centre de la cheminée, qu'elle faisait cuire ses confitures, qu'elle remuait avec un bâton. Et, à chaque mouvement, elle transmettait un peu d'espoir, souhaitant très fort la venue, chez elle, de ses petits « invités » qui la redoutaient, sans raison.

À force de regards, de sourires, nous sommes venus, peu à peu, filles et garçons, déguster cette confiture de mûres dont la saveur n'est maintenant plus de ce monde. Nous entrions aussi par temps de pluie, quand quelques brindilles crépitaient dans la cheminée et qu'une semi-clarté dévorait les objets, laissant apparaître l'ombre impressionnante de l'unique buffet. Dans la pénombre de cette cuisine, seul le pendoulet* d'une tresse d'ail traçait une note claire sur le mur. Nous n'avions plus peur, et on se sentait bien dans ce tableau de faible lumière. Les paupières mi-closes, nous mordions avec avidité dans nos tartines, en plissant le nez de plaisir.

Pour la Chandeleur, c'est inévitablement près de la mère Gallian que l'on venait savourer les crêpes. Ici, on les faisait sauter dans une immense poêle. Elles avaient toutes un goût de feu de bois, et la confiture y ajoutait son parfum de colline. La coutume exigeait de placer une pièce d'or dans le creux de la main au moment de faire sauter la première crêpe. La pauvre femme était très attachée aux traditions, mais n'avait jamais ni eu ni vu de pièce en or. Et quand, dans l'après-midi de la Chandeleur, nous étions réunis dans la sombre cuisine que nos rires d'enfants rendaient lumineuse, la mère Gallian s'approchait du grand buffet... une ficelle servait maintenant de poignée au meuble auquel elle avait confié son seul trésor. Avec ses petites mains ridées, où le temps avait tracé son parcours en moissonnant la compassion, elle ouvrait alors une grosse boîte d'allumettes. Nous rapprochions nos têtes pour découvrir, sur un lit de coton, une médaille d'or, souvenir de sa première communion. Confuse, elle nous disait : « C'est tout ce que j'ai en or, mais je pense qu'elle fera aussi bien l'affaire. » Puis elle nous confiait cette médaille le temps de faire sauter chacun notre première crêpe. Avant de la ranger dans son « coffre » jusqu'à la Chandeleur prochaine...

Par un bel après-midi, à l'heure de la sortie d'école, nous descendions par la petite rue, fidèles à nos bruyantes bousculades, une chanson aux lèvres. Soudain, un groupe inhabituel de grandes personnes assemblé sur la place freina notre élan désordonné. Lulu, qui depuis toujours s'était instauré chef de notre petite bande, s'approcha d'eux pour tenter de glaner quelques bribes de conversation. Peu après, il revint vers nous, différent, le sourire éteint, de la buée plein les yeux. Sa voix devenue rauque raisonna bizarrement et finit par avouer : « La mère Gallian n'est plus... »

À cet instant précis nous fumes transformés en enfants sages, sans cris ni bousculades. Instinctivement nous sommes retournés vers une petite maison, vers un rez-de-chaussée, espérant y retrouver la flamme frémissante d'une bougie derrière des vitres noircies... une flamme désormais éteinte mais qui brillerait longtemps encore, dans nos souvenirs d'enfance.

À notre pensée revenait l'image de ce beau visage froissé, dont le regard d'un vert indéfinissable nous surprenait, et dont la voix un peu grondeuse dissimulait tant de nuances que nous savions, maintenant et pour toujours, pleines de tendresse.

Dans la tiédeur d'un crépuscule naissant, le soleil, avant de disparaître, léchait une fois encore la façade de M. Buissonnade, ancien gendarme, tandis que le souvenir d'une chétive silhouette grise mettait de la lumière dans tout le quartier. Aujourd'hui comme hier, et demain, comme la flamme d'une bougie qui ne voudrait jamais s'éteindre dans des cœurs d'enfants...

II

Un jour de l'an
Le pendentif de mémé Frésia

En ce premier jour tout neuf, mémé Frésia porte un soin particulier à sa toilette. Elle coiffe son chignon, assez indiscipliné, et laisse échapper quelques frisolis, qui « tire-bouchonnent » autour de son visage. Avec coquetterie, elle se parfume, tandis que dans ses yeux crépitent de minuscules joies.

Ce matin, mémé Frésia ne traîne pas ses pieds comme à l'accoutumée, bien au contraire, on dirait que l'an nouveau allège sa démarche pour aller à la rencontre de quelques souvenirs.

C'est dans ce coffret en bois de cade qu'elle range le témoignage du passé, embelli par le temps qui s'écoule, où des petits bouts de quelque chose, des rataillons* de je ne sais quoi, se serrent en gardant la chaleur d'un moment vécu.

De ses mains aux doigts longs, avec délicatesse, elle soulève le couvercle du petit coffret et, avec la fragilité d'une aile d'oiseau, en sort une chaîne d'argent qui, d'un rythme lent, berce une pièce de monnaie trouée. Avant de la blottir dans le creux de sa main pour la réchauffer, mémé Frésia a suivi son balancement un bref instant.

C'est alors qu'elle pense très fort à sa marraine Olympe, qui pour le jour de l'an lui apportait des étrennes. L'image de cette truculente femme est toujours présente en sa mémoire. Elle arrivait avec des cascades de rires plein la gorge, le regard pétillant, la voix claironnante, dans son sillage, un parfum de patchouli la suivait avec insistance.

« Tiens, petite Frésia, c'est pour toi, avait dit un jour Olympe, en offrant une pièce de monnaie trouée de 0,25 F. Ce sou a été jeté le jour de ton baptême devant l'église Saint-Louis. C'est le présage d'une vie heureuse, alors n'oublie pas de l'accrocher à ton cou, le premier jour de l'année. »

Avec un tendre sourire, mémé Frésia a fixé la chaîne à son cou, puis, à travers les carreaux, elle jette un regard sur l'hiver qui porte dans son ciel des striures opalines bordées de gris.

Le maestro André Ciccoletta passe devant la fenêtre de mémé et, comme à son habitude, la salue affectueusement.

Toute guillerette, mémé Frésia chantonne l'ouverture de « L'Arlésienne » : « Ce matin... » Alors, la pièce de monnaie sur le corsage ressemble à un pendentif.

La piécette du jour de l'an

Dès que sa capuche de soie mauve, où restaient accrochées les dernières étoiles, glissait sur le petit matin du jour de l'an, l'aurore apparaissait, toute rose, nimbée d'or pâle. Ma sœur, mon frère et moi, dans l'extravagance d'un réveil gai, sautions du lit avec entrain.

Maman, par une gronderie, essayait de freiner un peu notre agitation. La toilette terminée, parfumés d'eau de lavande (avec un plus de ruban dans les cheveux des filles), chaussettes blanches, souliers vernis, habits du dimanche, nous partions avec exubérance sur le chemin des étrennes, fait d'innombrables courbes.

Notre première visite était pour la grand-tante, sœur de grand-mère, une vieille fille racornie de principes... et dépourvue d'imagination. Chaque année, au mois de novembre, avec frénésie, elle tricotait des cache-nez aux couleurs agressives qu'elle offrait le jour de l'an aux enfants de la famille. (On murmurait avec compassion : « Elle doit être fragile de la gorge. »)

Au moment où, d'un geste vif qu'accompagnait une certaine satisfaction, elle nouait son ouvrage autour de notre cou, nous devions claironner des « oh ! oh ! » admiratifs (recommandation de Maman). Ces « oh ! oh ! », comme les cache-nez, étaient semblables à ceux des années précédentes.

Tandis qu'un sourire sucré arrondissait sa bouche aux lèvres minces, sur le pas de la porte, tante Jeanne agitait une main pour un « au revoir ».

Déjà nous gambadions sur le « caminet* » qui débouchait sur le bastidon du frère de grand-père que nous appelions « Dado* ». Lui, pour chacun de nous, avait tressé grossièrement avec des tiges de genêts un panier ventru qu'il remplissait de noix, noisettes, nougats, calissons et autres friandises « papillotées ». Nous aimions beaucoup ce petit vieux noueux comme un pied de vigne, robuste comme un chêne. Il était très heureux de nos souhaits, formulés en provençal — « *Boueno anado, ben granado** ». Dans son visage creusé de profonds sillons, deux yeux myosotis brillaient de tendresse.

Ensuite, c'étaient les marraines et leurs différents présents : livres, blouses ou corsages brodés.

Ce jour-là... grand-mère préparait le repas traditionnel, le coq du jour de l'an farci de truffes expédiées par la cousine Marie qui habitait Aups. Pendant que mémé surveillait avec vigilance le « fougasso* » qui dorait doucement dans le four de la cuisinière, Tistou* apportait avec précaution le bocal de cerises baignant dans l'eau-de-vie.

Le repas se terminait sur quelques notes de vieilles chansons ; la grand-mère, avec un « han », se levait et nous donnait l'étrenne... souvent... presque toujours... un vêtement chaud et confortable.

Alors... grand-père, avec un geste d'empereur, sortait de la poche de son pantalon de velours noir (pantalon pour les grandes occasions) un porte-monnaie, légèrement décousu sur le côté, patiné par ses mains, avec lenteur y plongeait les doigts et en retirait une pièce trouée de 5 sous. La distribution se faisait dans toute son ampleur.

Sa voix de basse noble nous disait : « Pitchoun... Cette pièce de 5 sous a pour nom économie. Si vous vous en séparez, elle perdra son nom. Par contre, si vous la gardez, elle s'appellera toujours... économie. »

Aujourd'hui, dans l'ombre d'un plumier en bois au couvercle fendu, sur un lit de pétales séchés, une piécette ternie par les ans, jalousement, garde son nom.

Les rois

Dans ce matin de janvier le fenestron* de la bastideto* écarquille sa vitre sur la dernière étoile, qui hésite à s'éteindre.

C'est à ce moment que Victorine se lève, d'un geste vif fixe sur le haut de sa tête la tresse grise et gringalette de ses cheveux. Une grimace, au coin des lèvres, déforme pour quelques instants sa bouche. Dès l'aube, son « agacin » la fait souffrir. Elle marmonne : « Même le jour de mon anniversaire il me fait mal, celui-là. » En ronchonnant elle chausse ses pantoufles, pour traîner ses pieds jusqu'à la fenêtre, ouvre les volets sur la froidure du petit matin et referme vivement les carreaux, sans oublier de contempler le fossé ourlé de cristaux et le seau du vieux puits coiffé de givre.

Avec un « brr... brr », elle serre son fichu sur ses maigres épaules tout en parlant à son chat Pessu : « Il fait frisquet ce matin... Aujourd'hui c'est l'Épiphanie et mon anniversaire aussi...

Oui, j'ai quatre-vingts ans... Tiens, à cette occasion, je vais mettre quelques morceaux de biscuits dans ton bol de lait... Boudiou, tu te lèches déjà... Ah ! je vais sortir les rois du tiroir et les poser dans la crèche... Oh ! la la, comme le blé de la Sainte-Barbe penche. » Elle cherche dans un panier, parmi quelques rataillons de dentelle, un ruban.

« Ça y est... Je vais le nouer autour des tiges... Regarde, Pessu. » Dans le creux de sa main, trois rois attendent.

« Tu vois, celui qui est à genoux s'appelle Balthazar, il apporte un coffret d'or ; lui, c'est Gaspard et il vient d'Afrique ; quant à celui-là, il a pour nom Melchior, symbolise la vieillesse et toutes les races blanches. Tous trois viennent honorer l'enfant Jésus... Je les place là, derrière le berger... Vois-tu... C'est "lou Pastre" et l'étoile qui leur ont montré le chemin de l'étable. »

Soudain Victorine est pensive, un nuage de mélancolie s'attarde dans son regard humide. Par un plaintif miaulement, Pessu rappelle sa présence. « Eh oui... je suis presque tristounette. » Elle frissonne un peu, puis « gangasse » la tête pour en chasser ces sombres pensées.

« Allez, vaï, il faut me remuer un peu. Philémon va venir nous rendre visite... Pourquoi tu me regardes de cette façon ? Tu le connais, mon frère... Il t'apporte toujours quelques poissons... C'est comme ça... Lui est devenu pêcheur... et moi je suis restée paysanne. » Un sourire plisse ses yeux. Comme elle aime ce petit frère, de cinq ans son cadet, qui a délaissé sillons et charrue pour les vagues et un bateau.

Tout en nouant un tablier blanc autour de sa taille, Victorine va vers le grand buffet aux sombres portes sculptées et s'affaire en chantonnant : « Le Berger, comme autrefois, montre le chemin aux trois rois... pom, pom, pom, lalala... leurs manteaux... »

Les pieds de Victorine ébauchent un semblant de cadence dont le mouvement balancé la ramène devant la grande table de la cuisine. Elle pose un tian, une boîte de farine, trois œufs, du sucre en poudre, une salière en verre biseauté, un vieux beurrier en bois d'olivier, coloré en jaune par son contenu. Puis elle tend le bras jusqu'à la « pilo » où un « toupin » de lait se laisse prendre. Sa vieille main attrape une orange dans la corbeille de fruits et dans un grand bol émiette la levure donnée par Toinet le boulanger.

Avec des « à peu près » — telle est son expression —, elle verse dans le tian un demi-kilo de farine, ajoute les œufs, compte à haute voix les cuillerées de sucre en poudre : une, deux, trois... secoue la salière pour une pincée de sel, coupe dans la minuscule motte un morceau de beurre, arrose le tout de quelques gouttes de lait, qui inspirent une petite langue rose que Pessu promène sur son museau en ronronnant. Le zeste d'orange précède la levure de Toinet.

Le chaton s'étire et bâille. Tout en pétrissant,

Victorine lui jette un regard chargé de reproches... enfarine le marbre de la commode afin d'étendre la pâte et de former un rouleau de la grosseur d'un poignet.

Un « boudiou » sonore fait sursauter le chat. « Il ne faut pas oublier celle-là. » À petits pas, Victorine va jusqu'à la cheminée et prend dans un pot de faïence une fève séchée qu'elle coince entre le pouce et l'index, blancs de farine. Le regard curieux de Pessu suit chaque geste. « Pendant qu'elle repose — du doigt elle montre la pâte sur la commode —, je vais surveiller le repas... Mon "renaïre" de frère aime bien manger... Avec ce poêlon d'alouettes sans tête accompagné d'une bonne salade de "rampouchos", nous allons faire "riboto". »

Des pas résonnent sur le chemin. Presque aussitôt Philémon s'arrête sur le seuil... Il est là dans l'encadrement de la porte, un « ruscas » rempli d'oursins calé sur sa hanche droite, et d'une voix puissante lance : « Vivent les rois, bon anniversaire à ma rénasse sympathique. »

Victorine soulève les épaules en protestant. Mollement dans ses yeux perle la tendresse, tandis que d'un ton bourru elle s'exclame : « Il faut que j'ouvre tous ces oursins ? »

Philémon pose le « ruscas » sur la pierre de la « pilo ». « Sache que pour les ouvrir il faut du "gaubi"... et toi, tu n'en as pas. » Victorine murmure : « *Que mourre de pouar.* »

Sur une nappe à petits carreaux blancs et marron, la table est vite dressée. Philémon sifflote. Sur le visage de Victorine un large sourire éclaire ses yeux.

Le repas agréable, arrosé par quelques « chiquets », exhale un parfum de terroir.

Bousculant certaines dates, Philémon fouille avec gaieté dans ses souvenirs.

« Tu te souviens... tante Toulin disait : “La veille de l’Épiphanie, les jeunes filles qui veulent deviner le visage de leur futur époux vont cueillir trois feuilles de ‘baguié’ et inscrire sur chacune d’elles le nom d’un Roi mage...” » Victorine poursuit : « Dire en s’endormant : “Au nom des trois rois, que je voie en rêvant celui que j’épouserai de mon vivant...” La pauvre, elle a pas vu grand-chose, dans son rêve... puisqu’elle est restée vieille fille. » Sur un rire trébuchant, elle termine sa phrase.

Pendant que le balancier de la grande horloge fait le « garri » sur les tomettes bosselées, Pessu joue avec un bouchon, près de la desserte.

Philémon prend la bouteille de vin clairet qui clignote à la lueur du fenestron, en verse un peu dans son verre. « Ah ! le jour où... Et l’âne de Maria... Le “casaguin” de cousine Émilie... Ah ! Ah ! Ah !... »

Dans la bastideto de petits rires font des ricochets sur l’entre-deux de dentelles posé sur le pétrin qui rêve de farine.

Balthazar le roi des meuniers

Dans ses récits, Frédéric Mistral nous racontait qu'au cœur des Bouches-du-Rhône, du côté de Maillane, les enfants des bastides, dès le matin du 6 janvier, partaient à la rencontre des Rois mages.

Un soir de veillée, dans un moulin de l'arrière-pays, tout près d'un feu de cheminée, un groupe d'amis, Auguste le vieux meunier et moi-même nous apprêtions à partager la galette des Rois, brioche ronde agrémentée de pignons de pin. Lorsque nous nous réunissons dans cet authentique moulin à farine, nous aimons raconter chacun une petite histoire. Ces récits font quelquefois l'objet de souvenirs pêle-mêle, teintés de tendresse.

Ce soir-là nous écoutions avec un plaisir immense le récit d'Auguste, le vieux meunier :

« Nous, les enfants du nord du Var, nous partions aussi à la rencontre des Rois mages. Pour nous, tout était différent ; nous avions autour des champs de blé à perte de vue. C'est pour cette raison que mes grands-parents, mes parents et moi-même vivions dans ce moulin, où aujourd'hui la grande meule s'est arrêtée. » Dans les yeux du meunier, un voile de mélancolie s'est attardé quelques instants. La bûche qui brûlait dans l'âtre profond y ajoutait un reflet rougeâtre.

Pour nous raconter, il a glissé dans ses paroles quelques trémolos assourdis de silence. Puis sa voix a rempli toute la pièce. Nous étions suspendus à ses lèvres : « Le matin du 6 janvier, nous nous levions avec fièvre et précipitation car nous n'avions qu'un désir : parcourir les chemins de terre menant à proximité des grands champs de blé en herbe, dominés par un épouvantail. Cet épouvantail, les moissonneurs l'avaient appelé Balthazar : comme il était sympathique, ce Balthazar ; avec son galurin incliné sur le côté gauche, il ressemblait à "Un de la Canebière", et le jour des Rois on posait sur son chapeau biscornu une couronne tressée de tiges de genêts. Les paysans pendaient aux bras de l'épouvantail de petits sachets emplis de friandises et dans les dents de sa fourche on plantait des pommes rouges et jaunes. Nous dansions une ronde autour de Balthazar tout en le débarrassant de toutes ces bonnes choses. C'était pour nous une véritable fête car nous savions que Tonin, le boulanger du village, avait préparé une grosse galette briochée parfumée au feu de bois.

« Plus tard, j'ai posé la question à mes parents : pourquoi avait-on appelé cet épouvantail Balthazar ? Alors ma mère, de sa voix douce, m'a raconté : “Vois-tu, mon petit Auguste, les Rois mages vont parcourir les routes de Provence pour aller vers Jésus. Ils s'appellent Melchior, Gaspard et Balthazar. Nous, paysans de l'arrière-pays, nous avons préféré choisir Balthazar, et si cet épouvantail protège nos champs de blé, la moisson sera prospère et notre farine sera parfumée et savoureuse. Alors, pour le remercier, le jour des Rois, nous lui faisons une petite toilette et nous y pendons des cadeaux pour les enfants des alentours qui ont participé aux moissons.” »

Dans la cheminée, la bûche a crépité joyeusement : elle semblait remercier Auguste, le sympathique meunier qui, en ce soir du 6 janvier, au moment de partager la galette, avait rajeuni un bref instant, parcourant par la pensée ce vieux chemin de terre qui l'emmenait auprès de Balthazar, l'épouvantail qui veillait sur la récolte de blé.

Rameaux

À l'approche des fêtes des Rameaux et de Pâques, on s'agitait et la bastideto de mamé bouillonnait comme une lessiveuse, réunissant la famille, les amis... et bien d'autres.

Antoine, qu'on appelait Toine, était un cousin éloigné de mamé, si éloigné, disait papé, qu'on ne distinguait plus la branche. On aimait l'écouter et, lorsqu'il contait, il gravait les mots. Il promenait sa voix dans des descriptions interminables, mais combien imagées, les ponctuant de silences éloquents.

De taille moyenne, Toine avait des épaules de bûcheron, une grosse tête, un visage rougeaud où deux yeux bleus imposaient leur présence. Son cou plissé, couleur brique, s'enfonçait dans le col étriqué d'une chemise aux fines rayures bleues. Il était toujours habillé d'un costume marron en velours ; son gilet faisait la grimace sur son ventre rondouillard où une chaîne de montre traçait un accent grave.

Il arrivait, enjoué, de sa fermette, quelque part entre Callas et Bargemon, avec une bombonnette d'huile d'olive et une bouteille au goulot rétréci, un peu de travers, qui faisait dire à Victorine : « Dans la bouteille au torticolis il y a la meilleure liqueur de farigoulette préparée par Toine. »

Victorine, voisine de mamé depuis toujours, était présente à toutes les fêtes. Elle amenait à petits pas un gros tian d'oreillettes, un grand toupin de confiture d'orange amère coiffé d'une charlotte en cretonne provençale. Au rythme de ses pantoufles, elle repartait pour revenir aussitôt, portant à pleines mains un saladier en faïence rempli de pois chiches. En le posant sur la table de la cuisine, elle donnait chaque année la même explication attachée à la tradition.

« C'est l'usage », disait-elle. « Il y a longtemps, un jour de Rameaux, un vaisseau chargé de pois chiches aurait échoué sur la côte marseillaise et depuis la coutume veut qu'on mange des pois chiches ce jour-là. » Cette anecdote lui avait été racontée par un pêcheur de la Tour-Fondue, dans la presqu'île de Giens.

Papé Augustin ajoutait : « Le roi Louis XIV avait une passion gourmande pour le petit pois couleur soleil. » C'est dans un très vieux livre qu'il puisait toute cette science, dont il faisait étalage avec une fausse modestie qu'il communiquait souventes fois avec la suffisance d'un notaire.

Tistou, frère de sang de papé, était déjà là avec son bocal de prunes à l'eau-de-vie et, bien sûr, tout un défilé de pots de miel ceinturés d'une étiquette aux éclaboussantes couleurs du paysage du haut terroir.

Tistou tenait à offrir aux enfants de la famille le rameau traditionnel avec fruits confits ainsi qu'un bouquet très odorant de lavande à mamé.

Ce Gavot vivait dans une bergerie transformée en masoulet* appuyé contre un pigeonnier mastoc qui, dans une déchirure de pierre, semblait regarder en contrebas un immense champ de lavande, avec tout au loin une barrière d'amandiers. À quelques petits kilomètres de Valensole, il surveillait, tel un amant, ses ruches dans un bourdonnement doré. Avec passion il parlait des Basses-Alpes où les soirées offraient un prélude aux plus belles nuits étoilées, puis racontait avec un réel plaisir, d'une voix de montagnard au timbre puissant, habitué à couvrir le bruit des cascatelles :

« Les Grecs fêtaient Apollon le jour des Rameaux ; ils portaient une longue branche feuillue qui était surplombée d'une sphère de bronze représentant le soleil. On accrochait à cette branche 365 rubans de couleurs différentes symbolisant les jours de l'année. L'orange confite qu'on place encore aujourd'hui à l'extrémité du rameau est toujours l'image du soleil, tandis que les friandises accrochées ont remplacé les rubans. Quant aux branchages, ils sont présents à la bénédiction de la Grand-Messe : buis, olivier et laurier. »

La grande horloge de la salle à manger dévidait les heures dans le craquement d'un vieux balancier. C'est alors que les enfants devaient rejoindre la chambre, suspendant le rameau chargé de friandises aux volutes dont l'enroulement marquait le pied du lit.

Mamé nous recommandait de ne pas goûter aux fruits. Il fallait attendre la bénédiction du lendemain ; sinon nous serions terrassés par une colique.

Une persienne de la chambre avait perdu depuis quelque temps une latte qui par cette ouverture diffusait une tremblante lueur opaque. Cette nuit-là, un rayon de lune taquin faisait briller l'orange de mon rameau. Comment résister ?... Alors j'ai mordu le fruit brillant de sucre. Oh ! un tout petit morceau, si petit que je n'aurais pas la colique...

Dès le matin, après une toilette parfumée d'eau de lavande, habillée de neuf, toute la famille partait à la bénédiction. Les parents serraient dans leurs mains les petites branches de buis, de baguier* et d'olivastré*. Je savais que, dès notre retour, mamé les fixerait derrière la porte d'entrée. Quant aux enfants, ils portaient avec précaution le rameau enrubanné chargé de fruits cristallisés.

Mamé m'adressait un regard sournois qui me mettait mal à l'aise. Au moment de la prière, dans un silence lourd d'encens, on entendit une toute petite voix : « Petit Jésus, je ne veux pas avoir la colique. »

Mamé avait adouci son regard pour me donner le bienfait d'un sourire.

Là-haut, dans le clocher, on carillonnait pour fêter les Rameaux.

Pâques

Depuis le jeudi saint, les cloches étaient muettes et nos clochers faisaient grise mine. Mais, dès le samedi à dix heures, elles recommençaient à carillonner. Alors nos églises, coiffées d'un campanile, moissonnaient les joyeux « ding dong ».

C'est à ce moment précis que nous allions à la fontaine mouiller nos yeux afin de les protéger et boire cette eau qui était bienfaitrice en cet instant, puisque tous les cours d'eau étaient bénis.

On fêtait Rameaux à la bastideto de mamé et Pâques dans la petite maison de mémé Toinette.

Sur les chaises de la chambre, nos vêtements étaient pliés pour le lendemain, les souliers vernis et les chaussettes blanches glissées sous le siège. Sur le fauteuil, dans l'angle de l'alcôve, une capeline agrémentée de fleurs attendait de coiffer maman pour la grand-messe.

Le matin de Pâques, un réveil désordonné

nous précipitait vers la fenêtre où nous avions la veille étendu sur l'appui une couche de paille blonde où les cloches dès leur retour devaient déposer l'offrande des sujets en chocolat. Parmi les poussins aux pattes fragiles, les œufs délicats, une poule pondeuse couvait des œufs en sucre, bien calée dans un panier d'osier, plus fière que jamais d'être poule ce jour-là.

On frappait des mains, on chantait en sautillant, la voix de mémé Toinette freinait notre cadence, essayant de dominer le brouhaha : « Il faut vous presser ; on doit être tous prêts pour la grand-messe... Quant au chocolat, vous y goûterez au dessert. »

Dans un bruit de chaises, on se plaçait autour de la table de la cuisine. Devant chacun de nous, un coquetier en métal argenté, avec nos initiales gravées, cadeau de nos marraines pour notre naissance, étreignait un œuf que nous tapotions souvent avec vigueur, armés d'une petite cuiller en métal argenté, provoquant le craquèlement de la coquille. Pendant que Victorine découpait dans les tranches de pain des mouillettes, elle disait, penchée sur les étroites tartines : « C'est la coutume. » mémé Toinette répondait tout en surveillant le gigot dans le four de la cuisinière : « C'est la tradition. » Après une pause de courte durée, elle ajoutait : « Sans tradition, un peuple n'existe plus. » Pour nous les enfants, la tradition était surtout sur l'appui de la fenêtre, avec le parfum de chocolat qui glissait jusqu'à nous.

Pépé Émile arrivait aussi, un panier rempli de salade sauvage ramassée sur le raidillon qui menait au château.

« C'est aussi la tradition, ça. » Avec vivacité, il démêlait des mains les feuilles dentelées et, d'un air joyeux : « J'ai entendu le coucou, j'avais quelques pièces de monnaie au fond d'une poche. Bon présage : je ne serai pas à court d'argent durant l'année. » La fin de la phrase était engloutie par le ricanement de Victorine.

Nous appelions la sœur de mémé tante Rose, sa petite taille nous interdisant de lui donner le titre de grand-tante. Chaque année, au changement de saison, elle avait pour charge de nous purger, et lorsque nous la voyions nous pensions à l'huile de ricin, tant et si bien que nous l'accueillions toujours avec un sourire grimaçant.

Pépé Émile ne l'aimait pas. Il disait en serrant les lèvres : « C'est une pessuguette. » Nous retrouvions tante Rose à tous les repas de famille où elle pratiquait les bonnes manières en agitant un brin de morale dirigé vers les enfants. Célibataire, elle était bourrée du principe aigrelet des vieilles filles.

À la loterie de la boulangerie de la place, mémé avait gagné un gros œuf en chocolat au lait portant au sommet une guirlande de pâquerettes en pâte d'amande et au centre une ouverture ressemblant à une lucarne où s'appuyait un poussin jaune en sucre au bec corail.

Tante Rose regardait d'un œil critique cette

friandise superflue et mémé posait avec tendresse au fond d'une corbeille à pain un napperon crocheté par sa mère.

Chapeautée et gantée, comme à l'accoutumée, tante Rose était arrivée avec un panier tapissé de paille où elle avait posé des œufs... verts, car elle les avait fait bouillir avec des épinards.

Nous étions surpris par cette teinte. En ce jour de Pâques nous n'attendions que du chocolat.

La voix de Pépé Émile dominait l'embarras de chacun : « Les enfants, vous ne pouvez pas manger ces œufs. Ils ne sont pas mûrs. » Son gros rire emplissait la pièce où dans la pénombre venait de naître le soir.

Tante Rose était partie en claquant la porte. Mémé Toinette adressait un regard plein de reproche à Pépé Émile qui baissait la tête pour cacher un sourire.

Dehors, avant de disparaître dans le crépuscule, le soleil s'inclinait vers la terre pour une prière.

La légende de la farigoulette

Dans cette maison basse de la haute ville vivait la vieille Toinon. Dès qu'elle mijotait une sauce à la tomate, tout le quartier était embaumé.

Ce parfum appétissant glissait dans la ruelle, léchant au passage les vieux pavés patinés par le temps. Les géraniums du balcon de Mme Clément boudaient d'une odeur aigrelette. Le gros chat roux de Thérèse faisait sa toilette avec gourmandise. Couché tout près du porche, un vieux chien de chasseur laissait filtrer un regard doré sous des paupières alourdies. Un oiseau curieux se posait sur le rebord d'une fenêtre avec de petits cris et Sauveur, le cordonnier, s'arrêtait de siffler pour humer avec délice.

Pendant ce temps, derrière les rideaux pimpants de la maison basse, Toinon se penchait sur le frémissement de la sauce. Silhouette menue, au maigre chignon juché sur le haut de la tête, laissant en cascadettes échapper de chétifs frisons blancs. Dans ce visage, griffé par les ans, fait de joies et de peines, un regard d'un bleu faïence de Moustiers brillait.

Par petits bonds hésitants, dans sa pensée, trottait la légende de la farigoulette racontée par sa grand-mère.

S'accrochant très fort à ce souvenir, tout en fermant les yeux, elle prêtait l'oreille.

Combien était douce la voix de sa grand-mère, au coin de la cheminée, qui donnait au récit couleurs, saveurs et... rêveries.

« Écoute, Toinon... Il y a longtemps... très longtemps, lorsque la farigoulette a poussé sur nos collines, c'était une petite touffe grise parfumée.

« Elle était bien malheureuse la pauvrette, autour d'elle tout n'était qu'une immense et merveilleuse palette de couleurs : œuvre de M. Printemps.

« Avec admiration elle regardait le romarin qui, avec fierté, dressait ses branches délicatement fleuries. Dans la vallée, le pissenlit brodait, sur l'herbe verte du pré, des étoiles d'or. D'une tache rouge, le coquelicot grignotait le fossé. Dans un festival de gerbes dorées le genêt s'offrait au soleil.

« Avant de disparaître, l'astre couleur de miel posait sur la colline un voile mauve cristallisé de quelques paillettes. Le ruisseau timidement se cachait sous la mousse dans un glouglou câlin.

« Au chant du grillon, le crépuscule dévidait

son ruban de mélancolie pour enlacer la garrigue d'un parfum acide et sucré à la fois. Sous le tremblement argenté de ses ailes, un bourdon ivre zigzaguait lourdement. Au loin, sur le bleu profond d'un étang, la lune posait un diadème.

« C'est à ce moment-là qu'un fouletoun (petit lutin), très amoureux de nos collines, sortait de sa cachette pour gambader par les sentiers, sautant les rayons de lune pour donner un baiser aux étoiles. Soudain, dans le frou-frou de la brise, le lutin entendit le gémissement d'un sanglot.

« "Qui pleure ainsi ? dit le fouletoun.

« — C'est moi, dit la farigoulette au fouletoun surpris.

« — Pourquoi pleures-tu ?"

« La petite touffe grise laissa glisser sur ses branches quelques gouttelettes.

« "C'est que, vois-tu, dans sa parure de printemps notre Provence est plus belle que jamais par ses couleurs... Moi je suis grise... petite et sans fleur."

« Avec beaucoup de gentillesse le fouletoun lui dit :

« "Ton parfum domine tous les autres.

« — Peut-être, mais... j'aimerais tant avoir des fleurs.

« — Chez nous les fouletouns portent une collerette bleu pâle et sont un peu magiciens. Dis, petite plante au parfum grisant, que penses-tu de ma collerette ?" »

D'un geste vif, il la dressa autour de sa tête, telle une corolle.

« Elle est très belle. »

Avec une pirouette, le fouletoun souhaita une bonne nuit. Dans le scintillement de perles de rosée, une petite voix répondit :

« Bonne nuit fouletoun. »

Saluant la vallée, les premiers rayons de soleil coloraient d'un mauve orangé la crête des collines.

Dans un bruissement léger, la nature s'éveilla découvrant avec étonnement une farigoulette plus odorante que jamais, étoilée de minuscules fleurettes d'un bleu très pâle, qui, dans la caresse du fier romarin, se teintait délicatement de rose.

C'est ainsi que le ruisseau bavard murmure au fleuve qui, lui, le dira à la mer.

« Le romarin a épousé la farigoulette. »

Depuis ce jour, dans toutes les maisons de Provence, un brin de farigoulette, de romarin, liés tous deux d'un fil blanc dans un poêlon à l'écrin pourpre d'une sauce, mijotte le secret d'une saveur.

C'était le temps...

On reconnaît dans la vallée le son de l'harmonica de Tistou, qu'on écoute avec plaisir. Ce rêveur, poète, construit des moments de bonheur avec des presque riens, se contentant de vivre au gré de son esprit naïf et vagabond. On dit de lui : Tistou est un tendre au cœur fragile...

Dans sa vaste cuisine, assise près d'une fenêtre, mémé Frésia m'accueille d'un sourire et aussitôt se lance dans un mini-commentaire : « Le 24 juin, pour la Saint-Jean, on avait coutume de fêter le blé. Et bien entendu les moissons. Le soir venu, on allumait au centre d'une placette un grand feu et on farandolait autour jusqu'à ce qu'il devienne un tas de braises clignotantes dans la nuit. Alors les jeunes gens donnaient la main à leur promise et tous deux sautaient au-dessus d'un restant de feu. Ce bond devenait le présage d'un amour heureux salué par des explosions de joie. »

Mémé Frésia se penche à nouveau sur le tissu

posé sur ses genoux pour un savant raccommodage. Avec un mouvement de la tête elle se ravise pour ajouter : « Boudiou ! J'ai oublié de te dire qu'il y avait du côté du Béal un champ de blé, "les carignaires", où aller cueillir trois épis en faisant trois vœux (je pense qu'ils se ressemblaient tous : santé, bonheur et AMOURS). Et, arrivés à la maison, on accrochait derrière la porte d'entrée ce symbole doré qui, au dire des anciens, apportait le grand bonheur. »

Une puissante poussée de la porte interrompt mémé. Léonard apparaît souriant, portant un grand panier rond rempli de poires pitchounettes blondes comme Manon. D'un geste d'une fierté paysanne, il pose le « banastoun » sur la grande table. « Voilà les poires de la Saint-Jean, ma grand-mère nous préparait un gâteau délicieux, c'était le dessert de ce jour... »

Pensif, il retire son chapeau de paille. De son gros pouce il se gratte le haut de son crâne : « J'aimerais que l'on se rapproche de ces traditions, et je crains que l'on ne s'en écarte chaque jour davantage dans le rouage d'une vie mécanique. » Léonard prend une cruche transpirante sur la pile et boit d'un trait l'eau fraîche à la Rigalado*. Puis écoute...

« Le 24 juin, on doit entendre le chant de la première cigale, j'ose espérer qu'elles seront au rendez-vous pour l'hymne au soleil honorant la tradition. » Notre paysan éponge d'un gros mouchoir à carreaux violets son front où perlent quelques gouttes de sueur.

Mémé Frésia quitte sa chaise avec lourdeur, pique sur un coussinet son aiguille et range dans une boîte ses ciseaux, le raccommodage étant terminé. Toi Béal, petit cours d'eau, t'en souviens-tu du champ de blé ? Cette phrase est ponctuée par l'accord de deux soupirs qu'expriment tels des choristes mémé et Léonard.

Avec une poignée de miettes de souvenirs, il sème aux quatre vents les graines de leur jeunesse pendant que Tistou, dans la vallée, joue avec son harmonica un air chanté par Serge Lama, « C'était le temps ».

Le défilé de mémé Frésia

C'est chaque année, à l'occasion du 14 juillet, que mémé Frésia fait défiler ses souvenirs. Invariablement ses récits commencent par « À cette époque-là... ». Alors, elle étire ses yeux sur un regard fouineur.

« Le monument aux morts était tout au bout de l'avenue Gambetta et le défilé se faisait en fin de matinée sous un cagnard impitoyable. Nos soldats marchaient en cadence, s'éclaboussant de gouttes de sueur. Trotti arpentait les bords de l'avenue en marquant le pas, son profond panier de friandises suspendu à son avant-bras grassouillet. De sa voix qui glissait dans ses fosses nasales, elle essayait, avec acharnement, de dominer le brouhaha de la foule par un "Bonbons, caramels, cacahuètes rôties" tandis que l'Arménien vêtu de son inséparable bermuda proposait avec une conviction attachante de tout petits drapeaux français qu'on agitait avec fierté au passage des troupes.

Trotti n'est plus... et l'Arménien non plus... Quant au monument aux morts, il s'est déplacé pour faire face à la cité administrative.

Aujourd'hui l'armée défile le soir, c'est bien mieux, il est préférable d'entendre aux sons des cuivres "vous n'aurez pas l'Alsace et la Loraine..." sous un romantique croissant de lune qu'en plein soleil. »

Mémé Frésia poursuit son récit.

« Le soir du 14 juillet, on se réunissait pour contempler le feu d'artifice qui se tirait de la place Lefèvre ; puis, à grands pas, on grimpait jusqu'à la place de la République où un bal populaire était donné. L'orchestre s'installait sur une estrade en bois qui dominait la piste de danse. »

Soudain, les yeux de mémé Frésia se sont arrondis à cette évocation, afin d'y faire pénétrer les premiers pas d'un tango tout neuf, dont l'adolescente qu'elle était se souvient encore. Un sourire en coin s'accroche à sa bouche pour laisser la place à un court silence.

« Après le bal, dans la courette, chacun trouvait sa place pour la traditionnelle anchoïade accompagnée d'un vin rosé aux belles couleurs d'aurore, qui se rafraîchissait au fond du petit lavoir, dans une dame-jeanne aux formes rebondies, coiffé d'un gros bouchon en liège grossièrement taillé.

On commençait un murmure avant d'entonner une chanson patriotique. Titin se décarcassait les cordes vocales avec sa chanson favorite (chaque année il remettait ça) — le clairon est un vieux brave et lorsque la lutte est grave... Avec un cornet de la main on imitait tous ensemble le clairon — Taratatatatatata, Taratatatatère bis. Sous cet effort, Julot se teintait de violine ; ensuite venait l'air de "La Madelon", qu'on rythmait en tapant sur la table. On trinquait à la fête en dégustant les petites poires Saint-Jean baignant dans un sirop de miel préparé par Marinette. »

En soupirant, rien qu'un peu, mémé Frésia a essuyé les verres de ses lunettes. « C'est avec cette chaleur que je les mouille... » Dois-je la croire ? Ou peut-être le parcours d'un défilé, même en pensée, diffuse une certaine chaleur, surtout un 14 juillet.

Couleurs vendanges

Je me souviens d'un doux mois de septembre, où notre campagne provençale était pleine des chants d'oiseaux gavés de soleil et ivres de raisin mûr tandis qu'une abeille gourmande tracassait ma tartine de confiture préparée par la Mamet.

Par ricochet, lors d'un rangement dans le grenier, l'odeur des vendanges arrive dans ma pensée. Une hotte en osier dur, triste de son abandon, gobait des fragments de soleil sous la clarté d'un fenestron. Bien sûr elle était vieillotte, avec son rafistolage de ficelles et de minces fils de fer, mais elle gardait désespérément, malgré le temps qui passe, le parfum de la vigne et les éclaboussures de raisin noir, imprimé à tout jamais dans le tissage de son arrondi.

J'aimais l'époque des vendanges qui réunissait la famille, les amis, les voisins. Par bribes, les souvenirs arrivent, jouant à saute-mouton en ma mémoire, m'apportant une palette aux couleurs d'enfance.

Des moussis (enfants) s'éclaboussaient de toutes leurs forces dans le lavoir de Léontine, effrayant un peu Clairet, le vieux chien de la bastide.

Nine, sous son chapeau de paille à la forme gardiane, avait des joues roses comme une pêche des Borrels qui donnaient à ses yeux noirs des reflets fiévreux.

Le taquin Fernand avait, depuis sa naissance, un sourire énorme qui prenait toute sa figure, faisant dégringoler dans sa gorge les grelots retentissants d'une authentique gaieté.

Au moment du grattou*, sous le mûrier, parmi les paniers et les biasso*, je me souviens d'un repos de courte durée, le temps de casser une croûte et d'échanger des souvenirs de cueillette ou de mettre en évidence son savoir. Par habitude, on écoutait le vieux Léonard qui, dans chaque phrase, glissait un mot empreint de respect pour la vigne. Accordant toute son attention, Auguste ralentissait le rythme de ses mâchoires dévoreuses, tandis que Fifine mâchait de ses gencives, avec conviction et acharnement, une figue grise. Le tracteur, dans un coin, avait arrêté son ronronnement, enveloppé du bourdonnement d'une nuée d'abeilles.

Sur un grand carré de toile, un bouquet de cébettes faisait face à une poignée d'olives noires tout près des tranches de caillettes provençales à la mosaïque brune et, dans une gamelle émaillée, la brouillade de tomates, cuisinée par Célestine, apportait une vapeur allé-chante.

D'un geste lent, le vieux vigneron mettait dans sa bouche un morceau de pain qui gonflait sa joue et donnait aux premières phrases du récit une certaine nuance sourde. Il parlait des Égyptiens, des Grecs, des Romains et même des Gaulois, qui tous pratiquaient la vinification. Il accompagnait ses récits d'un regard où coulait un rayon de miel, puis devenait courtois et offrait un verre de vin à Fifine qui venait juste de terminer la figue grise.

C'est par un doux matin de septembre que ma plume a recherché des souvenirs, aux parfums de vendanges.

La grappe de Sauvebonne

Mariette habitait une ruelle de la haute ville et, les premiers jours de septembre, préparait couffins, paniers et robustes ciseaux, pour aller à la cueillette du chasselas.

Sur sa tête, un chapeau de paille à large bord était maintenu par un triangle de foulard noué sous son menton. Sa démarche était un petit peu chaloupée lorsqu'elle descendait la rue Bourgneuf pour se rendre face au théâtre où attendait une charrette sur laquelle on avait glissé deux bancs destinés aux « cueilleuses » de chasselas.

Son fils, Joseph, plus connu sous le nom de Zé, de grande taille, avait des bras démesurément longs et se déplaçait nonchalamment à la façon de Goofy, le copain de Mickey. Son cou, mince et long, soutenait une tête coiffée d'un béret d'une couleur indéfinissable enfoncé jusqu'aux sourcils rouquinets. Dès qu'il arrivait dans la vigne, sa voix puissante effrayait les moineaux. Les grappes dorées, gavées de soleil, étaient entourées d'un bourdonnement d'abeilles : il les chassait en faisant de grands moulinets désordonnés, puis entamait avec une ribambelle de fausses notes une chanson qui lui tenait à cœur : « Ils sont dans les vignes les moineaux ! »

Vers midi, heure de la pause, Mariette se réfugiait sous le vieux mûrier. Là, avec lenteur, elle retirait le couvercle d'une gamelle où un repas réconfortant dégageait un parfum appétissant. Traînant ses grands pieds, Zé venait la rejoindre. Il essayait avec maladresse de transmettre certaines recettes des bons plats préparés par sa mère. Mariette le regardait avec reproche, désapprouvant son fils qui en réalité ne savait pas faire cuire un œuf. Mais lui était fier d'un auditoire attentif.

Le soir, lorsqu'on quittait la vigne, Léonard, le paysan du domaine, autorisait chacun à emporter dans le panier quelques grappes dorées. À nouveau, on retrouvait la charrette qui nous ramenait devant le théâtre.

Fifine, la voisine qui habitait tout près de la fontaine, ne pouvait plus se joindre à l'équipe des « cueilleuses » de chasselas. Un mauvais rhumatisme lui interdisait de se déplacer, mais elle attendait avec une certaine impatience Mariette et son fils, pour un compte rendu de la journée à travers les vignes. Alors, Zé choisissait la plus belle grappe de son panier et lui offrait avec gaucherie en disant : « Tiens, Fifine, je te donne la plus belle de Sauvebonne ! » D'un sourire humide, Fifine le remerciait...

Autour d'un grand poêlon

Chaque année, le deuxième dimanche d'octobre, lorsque la saison offre abondance de champignons, mémé Frésia épluche l'ail avec la même précaution qu'un maître chocolatier, histoire de mijoter un ragoût de safranés* agrémenté d'un chapelet de petites saucisses. Un vrai délice... Même lorsqu'on en parle, on salive de plaisir en plissant les paupières.

C'est que mémé garde jalousement ce grand poêlon en terre d'Aubagne, mâchuré dans l'enflure de ses formes. À cette époque de l'année, on va le débusquer et le sortir du fond d'un placard où il a sommeillé durant l'été, rêvant de sauces parfumées.

Ce matin, Auguste a délogé son vélo d'un coin sombre de la remise, pour sillonner les chemins qui vont au rodou*, connu de lui seul, où les safranés brodent dans un sous-bois des collerettes vineuses.

La bicyclette d'Auguste est née en 1930. Son

cadre noir terni par la marche du temps supporte deux grandes roues et une selle qui s'allonge comme un béret alpin.

« Gu », c'est ainsi que ses amis l'appellent, a baptisé la petite reine « le Vétéran ». Sur le porte-bagages, ressemblant à un dessous-de-plat métallique, il fixe un « mussi », harnaché d'une vieille ceinture en cuir craquelée. Puis, rassemblant ses lèvres, il laisse filtrer un sifflet joyeux, qui l'accompagnera durant son parcours en direction du rodou secret. Il sait que, suite à sa cueillette, mémé Frésia réunira ce soir quelques voisins pour savourer son ragoût aux parfums d'automne. Cette soirée de bon ton est presque devenue une tradition.

Auguste, tout en pédalant, sourit à la pensée que « Guitte », qui a rêvé toute sa vie d'être chanteuse réaliste, fredonnera en demi-teinte, les yeux larmoyants, une rengaine d'autrefois. Le Prince des Garrigues, professeur en retraite, commentera ses randonnées aux couleurs provençales. Pierrot apportera beaucoup de détails sur les dernières vendanges, provoquant le sourire gourmand d'Amédé le « chicatoun ».

C'est alors que, comme à l'accoutumée, on entendra une petite voix fêlée par l'usure. La vieille Victorine, très attachée à l'almanach provençal, informera à l'occasion le fait marquant du jour : « Savez-vous qu'en 1970, un 9 octobre, mourait, à Manosque, Jean Giono ? » Un furtif silence planera au-dessus de la tablée, et Tonin, comme d'habitude, ajoutera : « Surtout ne pas oublier que le mois d'octobre est celui des semailles et du vin. Qué ! » Il adressera à Amédé un regard en biais chargé de sous-entendus.

On suspendra ce soir une brassée de souvenirs dans une farandole de petits riens qu'on laissera gambader à travers les saisons autour d'un grand poêlon.

Les veillées
À l’heure des châtaignes grillées

Lorsque octobre faisait mine de disparaître sur son tapis roussâtre de feuilles mortes et que novembre s’annonçait, portant en lui les premières froidures, on se réunissait au bastidon de mamé pour une soirée castagnade (châtaignes grillées).

Ces veillées, tout près de la cheminée, donnaient naissance à des récits où le pittoresque et la poésie s’épousaient dans la clarté vacillante qui nous enveloppait.

Comme dans un écheveau de fils emmêlés, on débrouillait dans le détail les souvenirs pendant que les châtaignes grillées répandaient dans la pièce une odeur pénétrante de feu de bois. Il y avait toujours en cette saison, dans une jarre au ventre grassouillet, des branches d’arbousiers et de bruyères mauves qui faisaient rêver la vieille Victorine.

Toine, du bout de l’antique tisonnier, taquinait

les castagnes. C'était un faiseur de phrases qu'on appelait amicalement « mèstre la Logique ».

Souvent, souvent, il glissait cette phrase dans une conversation animée : « L'expérience est une lanterne accrochée dans le dos pour éclairer le chemin parcouru. »

Il y avait dans cet homme de petite taille un immense attachement aux traditions et un profond culte du passé.

La châtaigne rôtie faisait un petit bruit sous nos doigts.

Pendant que la vieille Victorine suçotait des châtaignes séchées ramollies dans du lait tiède, les plus jeunes emprisonnaient dans le creux d'une main un peu de la farine de ce fruit pour souffler dessus et la répandre sur le visage du voisin, ce qui donnait immédiatement à ce dernier l'apparence d'un Pierrot, et déclenchait la comptine... « Au clair de la lune... »

Dans un rire sonore, les anciens mêlaient leurs voix de sopranos chevrotantes et de ténors enroués. Puis, un bref silence servait d'ouverture au récit. On se rapprochait et chacun trouvait son coin.

Léonard racontait les récoltes. Alphonse, le service militaire où le caporal se prenait pour le général Cadorne. Quant à la mamé, la fouille des souvenirs lui allait bien, mettant du rose sur ses joues et plein de bleu dans son regard, tandis que ses petites mains usées par les bugades (lessives) se serraient sur son tablier, chaque ride traduisant un doux bonheur. Une poignée d'heures l'avait rajeunie.

Sur le toit du bastidon, une lune toute ronde jouait à cache-cache avec l'ombre des cheminées et octobre s'en allait tout doucement...

Alors novembre arrivait, vêtu de gris, annonçant les premières froidures.

Lentilles et grains de blé

« Heureux qui peut, au sein du vallon solitaire, naître, vivre et mourir sur le champ paternel » : cette citation accompagnait l'arrivée au bastidon de Tistou, ami de pépé. Il venait souvent vers la Sainte-Barbe pour fêter la patronne des artilleurs en souvenir de leur période militaire. Ils évoquaient bruyamment leurs souvenirs, pas toujours appréciés de mémé.

Je me souviens d'un repas où nous étions nombreux autour de la lourde table agrandie de deux rallonges. La mamette, l'arrière-grand-mère, avait apporté dans un immense plat en faïence festonné la polenta dorée et fumante, suivie de très près par la daubière ventrue en poterie d'Aubagne. Je savais que la daube avait mijoté en frémissant depuis le matin. L'agréable repas placé au centre de la table déclenchait aussitôt des échanges de souvenirs où les traditions gardaient leur place privilégiée. On parlait bien sûr de la Sainte-Barbe et de la façon de l'honorer.

La vieille Victorine entourait une bouteille d'une chaussette mouillée, puis, sur une feuille de journal, jetait une grosse poignée de lentilles et faisait rouler la bouteille dessus. Les petites graines se collaient sur la chaussette, et Victorine posait la bouteille sur le rebord de la cheminée, en souhaitant une germination rapide.

Tistou, comme chaque année, nous expliquait que, sur les plateaux d'Aups, on semait les lentilles : « C'est à cet endroit que l'on récolte les plus belles. »

Albert, qui passait son temps le nez dans les livres — c'était notre savant —, décortiquait avec science l'arrivée de cette lentille : « Comme la fève, disait-il, la lentille est l'un des plus anciens légumes cultivés par l'homme, et on ne la trouve jamais à l'état sauvage. »

« Moi, dit Fernand le galavard*, je les aime en salade avec une pointe de vinaigre et des petits morceaux de cebettes*. »

Auguste, l'ancien meunier, fête la Sainte-Barbe avec des grains de blé qu'il sème sur un coton mouillé au fond d'une soucoupe : « C'est une vieille habitude du temps où le moulin tournait encore, quand je regardais les petites pousses vertes, en formulant trois souhaits.

— Dis, tonton Auguste, c'était quoi tes trois souhaits ? »

Alors, il barrait sa bouche avec son index et, dans un « chutt » un peu sifflant, murmurait :

« C'est mon secret. » Son regard bleu se perdait furtivement dans les plis du souvenir.

Ce soir-là, dans un gros rire, Amédée le berger caressait sa barbe grisâtre dont il était très fier qui chutait sur sa poitrine.

Philémon, notre brave pescadou, raconte à son tour le cheminement des tartanes envoyées par le pape Clément XI pendant la grande peste à Marseille, en 1720 : « Mais, à Cassis, les pescadou ont détourné les tartanes remplies de blé, sauvant le peuple de la famine, un jour de Sainte-Barbe. »

Toinon lance, de sa voix fluette : « toutes nos traditions agréables à connaître et respectées... » Son œil est humide.

Dans un rire cassé, les hommes lèvent leurs verres : « À toi, sainte Barbe, donne-nous de bonnes récoltes ! » Cette phrase se perd un peu dans un bruit de fourchettes et Tistou murmure pour lui : « Heureux qui peut au sein du vallon solitaire... »

Naïf et poète

Le matin il ouvrait grand la fenêtre comme un enfant ouvre un livre d'images. Il aimait s'attarder, qu'importe la saison... Il savait écouter le vent, disant qu'il portait en lui, avec les parfums de Provence, les plus belles légendes du monde. Le regard rivé sur le lointain... où commence le ciel, où finit peut-être la terre ! Il laissait galoper ses pensées, et se grisait en lisant la nature avec les mots qui colorent l'arc-en-ciel.

Pauline, sa mère, manifestait souventes fois une certaine fierté, elle disait de lui : « Il est naïf comme un santon de la crèche... Et pourtant, il est savant, s'il parle aux étoiles c'est qu'il les connaît. » Avant de s'exprimer, il se grattait la tête en faisant surgir sur son visage un large sourire puis pointait un doigt en direction de la colline : « Ici, les plantes ont toutes des qualités et des vertus secrètes, qu'elles ne demandent qu'à révéler aux hommes... Pourquoi font-ils la sourde oreille ? »

Au début du mois de novembre, il fleurissait la tombe de son père de branches d'arbousiers. Puis s'en éloignait avec gaucherie, lui promettant de revenir bientôt. Il partait à la cueillette aux champignons avec un grand panier à l'anse usée par la traversée du temps. Pour la consolider, Pauline l'avait emmaillotée d'une ficelle et de quelques rataillons de tissu. Il disait : « Moi j'ai le flair d'un chien truffier... Je débusque les safranés à l'odeur... »

Une sangle rugueuse sans couleur barrait sa poitrine en maintenant une musette de toile terne qu'un rapiéçage en tissu bleu égayait. Il fallait tout en cherchant les champignons ne pas négliger le ramassage des pignes* pour faire chanter le feu dans la cheminée. Cette cheminée était magicienne et chaque soir donnait naissance à des contes tandis qu'une joie intérieure brodait les souvenirs d'étincelles d'étoiles. Pauline regardait son fils avec admiration et tout l'amour de son vieux cœur. C'est vrai qu'il n'était pas tout à fait comme tout le monde. Malgré sa stature d'homme, il gardait jalousement en lui une âme d'enfant poète. Il avait le sourire des gens au cœur simple. Avec ravissement, il plongeait son regard dans les yeux de son chien Cézé*. Il lui avait donné ce nom à cause de son poil couleur pois chiche.

Dans la tiédeur de la grande cuisine, sur une table ronde, une toupine était fleurie par des brins d'une bruyère rose. C'était le témoignage de la profonde affection d'un enfant pour sa mère.

Par un mois de novembre pluvieux Pauline avait retrouvé l'air et les paroles d'une berceuse et ressentait la douceur d'un pur et vrai bonheur auprès de son fils : naïf et poète à la fois.

Les vingt-quatre cailloux

Par une journée ensoleillée, vers la fin du mois de novembre, nous grimpions, par les petits chemins, la colline de Manen à la recherche de jolis cailloux de la grosseur d'une pièce de monnaie, portant les couleurs de l'arc-en-ciel.

Les enfants qui habitaient dans la presqu'île de Giens ou le bord de la mer choisissaient leurs petits galets sur les plages.

Nous avions taillé et cousu dans de vieux torchons des petits sacs avec cordelière, ressemblant à une profonde aumônière, puis dans un bouquet de rires et de galopades nous partions par les sentiers pour découvrir d'un regard fureteur les petites pierres, objet de convoitise. Nous comptions avec application jusqu'au nombre 24 ; alors nous tirions avec satisfaction le cordon du sac en faisant une boucle afin d'y passer le poignet. Avec gaieté, nous ramenions à la maison le fruit de nos recherches.

Sur la table de la cuisine on vidait dans le bruit

d'une dégringolade la bourse de toile pour contempler l'éclat et la couleur des cailloux que nous frottions avec un chiffon avant de les placer dans un petit pot où ils sommeilleraient jusqu'au 1er décembre.

C'est à partir de ce jour-là que, chaque matin, un caillou retournerait à la terre, traçant ainsi le chemin qui menait à la nuit de Noël.

Et le dernier caillou, le matin du 24 décembre, semblait nous dire avant de rejoindre la terre : « Ce soir des cadeaux seront devant la cheminée et tous les sentiers qui mènent à la colline ont gardé des petits brins de houx pour te souhaiter un joyeux Noël. »

En cette fin de mois de novembre, toi, enfant, si tu lis mon conte, n'oublie pas de parcourir les sentiers ou les plages pour ramener vingt-quatre cailloux.

Les fêtes calendales

À la bastide de mamé, les premiers jours du mois de décembre, on préparait déjà la Noël. Nous, les enfants, nous sortions de la boîte en carton les santons pour raviver leurs couleurs. La peinture à l'eau, nous l'achetions à la droguerie de la place du Marché à Hyères. Marie, qui tenait ce commerce, gardait pour nous toutes les couleurs se rapprochant le plus des teintes souhaitées pour les santons.

C'est à cette époque-là que mamé Toinette sortait son gros chaudron de cuivre pour préparer ses nougats. Le miel était donné tout au long de l'année par un lointain cousin, apiculteur. Il prétendait, avec un sourire narquois, que lui seul connaissait le secret du miel de cougourde*. Les amandes étaient envoyées de Valensole par Tistou, frère de sang de pépé Émile[1].

Armée d'une cuiller en bois, grand-mère

1. Pépé Émile, blessé à Verdun, n'avait survécu que grâce au don du sang de Tistou.

remuait le miel jusqu'à ébullition, et c'est à ce moment-là qu'elle ajoutait les amandes tout en continuant à remuer. Lorsque les amandes chantonnaient dans le grand chaudron, elle le retirait vivement du feu. Ensuite, elle versait la préparation dans un cadre en bois confectionné par le grand-père.

Au moment du démoulage, nous, les enfants, nous agglutinions autour d'elle, tirant sur son tablier.

Dans une alcôve, sur des canisses, séchaient des prunes. Grand-père les appelait les « pistoles ». Dans la soupente, les grappes de raisin blanc étaient suspendues à une ficelle. Ces grappes attendaient Noël, ridant leurs grains pour les rendre plus sucrés.

Avec pépé Émile, nous avions repéré le coin de colline qui nous donnerait de beaux brins de houx, un coin où la mousse croît en abondance dans la perspective de la décoration de la crèche.

Avec des rataillons de ruban, maman formait des papillons pour poser sur la serviette de table, le soir du gros souper, avec un brin de houx.

Toutes ces préparations donnaient déjà un air de fête au bastidon de mamé où un parfum sucré, agréable, semblait danser la farandole.

La crèche

Dois-je raconter les crèches que je construisais lorsque j'étais enfant ou la crèche que je réalise aujourd'hui en présence de mon petit-fils ? Je pense que, hier ou aujourd'hui, elles se préparent toujours avec la même ferveur.

Lorsque j'étais pitchounette, pépé Émile me donnait la main et tous deux nous grimpions par la rue de l'Oratoire jusqu'à la colline, tout près des ruines du château. Là, je choisissais de petits « massacans », c'est-à-dire des pierres torturées et creusées par le vent. Avec beaucoup d'application, nous les groupions, sachant qu'elles étaient destinées à représenter une colline derrière la bergerie. Avec de la pâte à modeler, nous fixions des brins de farigoulette ou de bruyère pour simuler les arbres entre lesquels se perdait un petit ruisseau dont le tracé se faisait avec de la farine et des paillettes argentées.

Chaque année, l'étable me paraissait plus attachante. Je donnais aux santons des prénoms de personnages connus dans la vieille ville : le garde champêtre, je l'appelais César parce qu'il avait un drapeau qu'il brandissait avec fierté comme le vrai César ; le « ravi », je l'appelais Zé ; le cordonnier, c'était Sauveur ; la bugadière, placée tout près du « lavadou », c'était Fifine ; le « boumian » me faisait penser à Ramon, un Gitan qui s'installait chaque année tout près du pont du Gapeau dans une halte avant de reprendre la route jusqu'aux Saintes-Maries-de-la-Mer.

Pépé Émile me disait (et je me surprends à dire les mêmes phrases à mon petit-fils) : « Dans la crèche ne doivent figurer ni le maire, ni le curé, ni l'Arlésienne et son gardian ; les santons ne doivent représenter que les métiers d'autrefois. »

Le rémouleur avec sa charrette, c'était pour moi l'« estama » ; la poissonnière, c'était Fernande Mercier ; le meunier avec son bonnet pointu me faisait penser à maître Cornille et l'ange Bouffareu, bien sûr, c'était Milou.

Tout ce petit peuple d'argile retenait mon attention et faisait vibrer mon âme d'enfant. Quant à l'étable, construite avec quatre planches par pépé Émile, elle gardait quelques « paillun » qui serviraient de berceau à l'enfant Jésus.

La Vierge Marie se penchait en souriant tendrement vers son pitchounet tandis que Joseph semblait les protéger ardemment. Une étoile venait de naître derrière la colline avec la complicité de pépé... Le petit âne gris, je le caressais du bout des doigts et l'appelais Ignace, et le bœuf Hercule. J'ai communiqué à mon petit-fils tous ces noms en accordant aux souvenirs de pépé mon affection profonde et sincère.

Les treize desserts

Sur la grande table du gros souper, nous posions trois nappes représentant la Trinité (les nôtres avaient été brodées par des religieuses pour le trousseau de maman). Nous sortions notre plus belle vaisselle, nous décorions la table de quelques brins de houx, car dans ma famille on ne prenait jamais de gui : je n'en ai jamais connu la raison. Le chandelier d'argent, lui, ne quittait le fond d'une armoire que pour la nuit de Noël. Pendant tout le repas, la chandelle faisait trembloter sa petite flamme rose en jouant sur les verres à pied ciselés qui, eux aussi, étaient réservés aux grandes occasions. Ces verres recevaient le ratafia* préparé par mémé Toinette et qu'on goûtait en fermant les yeux. « Il y en a plusieurs, disait mémé. « Le mien est au muscat, et si vous le désirez, je vous en donnerai la recette. »

Mais pour nous, en Provence, le soir du 24 décembre, où le gros souper doit être...

maigre, les treize desserts doivent trôner au milieu de la table. Ces treize desserts symbolisent les douze apôtres et Jésus.

Souvent on me demande comment les présenter : dans une grande assiette de faïence de Moustiers, on place les quatre mendiants, amandes, noix, noisettes, figues sèches. On les appelle ainsi car leur couleur rappelle la robe de bure portée par les augustins, carmes, dominicains et franciscains.

La pompe à huile, genre de fougasse à l'anis, est posée, elle, dans un plat ovale.

Dans une petite coupe se font face nougats blancs et nougats noirs. Les grappes de raisin s'étirent auprès des oranges et des mandarines colorées dans un tout petit panier d'osier plat. Près du biscuitier, des dattes en grappes semblent rêver de leur lointaine contrée tandis que les biscuits préparés à la maison provoquent insolemment la gourmandise. Calissons et papillotes sont mélangés dans un petit tian couleur miel. Et dans un siéton* la pâte de coing.

Ce qui était amusant, le soir de Noël, c'était l'arrivée de l'oncle Dado, avec une petite gamelle dans laquelle il avait préparé sa panade, un pain cuit dans l'eau et parfumé à l'ail : la seule nourriture qu'il absorbait ce jour-là pour offrir sa privation à Jésus. Car il faut bien l'avouer, l'oncle Dado, le reste de l'année... levait hardiment le coude.

Les lentilles et le blé, mis à germer le jour de

la Sainte-Barbe, étirent leurs tiges très haut : en ce soir de fête, on les a enrubannés. Près de la cheminée, les pieds dans la mousse, les petits santons semblent monter vers la bergerie. Dans cette grande salle à manger, tout a pris un air joyeux. Les adultes accrochent à leurs souvenirs leurs rêves d'enfant, pendant que les pitchounets chantonnent des airs de Noël.

Si le romarin m'était conté

Afin de présenter mes vœux du nouvel an, avant la fin de ce mois, je viens surprendre, dans sa cuisine, mémé Frésia.

Sur le visage de mémé se dessine une grimace accompagnée du bourdonnement d'une ronchonnade, ponctuée de « boudiou » navrés où glissent de temps en temps de chétifs soupirs. Ô ! Combien agréable au goût, l'abus de trop bonnes friandises dégustées pendant cette période de fête. Mais il est très difficile de résister... (encore un boudiou plus profond que les précédents).

« Toutes les douceurs grignotées ces jours derniers, me dit mémé Frésia, maltraitent et engorgent mon foie. Alors il est temps d'y remédier en drainant l'organisme. »

Je constate, malgré une avalanche de « boudiou », que mémé ne manque pas d'énergie pour couper les brins de romarin et les plonger dans une grande casserole où frissonne une eau claire.

D'un couvercle, elle couvre le tout en assurant un bon équilibre à ce dernier. Dans un coin, juste au-dessous de la fenêtre, dans une cruche en poterie brute, des branches de romarin projettent sur les tomettes des reflets bleutés laissant échapper des bouffées d'un parfum de garrigue.

Mémé Frésia se lance dans un exposé qui ressemble à une plaidoirie.

« Cette plante porte plusieurs noms : écume de mer ou rose marine pour un pescadou poète et rêveur... son nom latin *rosmarinus*.

« Une très vieille légende raconte que la Vierge Marie s'est reposée sur son manteau auprès d'un buisson de romarin... Voilà pourquoi, depuis, cette plante porte des fleurs couleur bleu ciel.

« Depuis l'Antiquité on a toujours utilisé le romarin. Plus tard, Charlemagne imposa sa culture. Il adorait en mettre partout... Pourtant, c'était un homme du Nord. Mais il connaissait les véritables vertus de cette plante merveilleuse. C'est peut-être pour cet empereur qu'on nomme quelquefois ce buisson : herbe aux couronnes. Mais on l'appelle aussi : herbe des troubadours, car ces messagers de bonheur étaient très souvent imprégnés par les senteurs de nos collines où ils cueillaient chants et poésies sur les chemins qui longeaient d'imposants châteaux. »

À cette pensée un sourire étire la bouche de mémé Frésia et, par un froncement de sourcils, elle rassemble des lambeaux de souvenirs. Alors son regard fouille le lointain et semble s'éloigner avec sa pensée. Par de petits détails, avec minutie, elle cisèle et enrichit les phrases de son récit.

« La mère Gallian vénérait cette plante. Elle prétendait qu'une infusion d'une poignée de ces fleurs offrait aux coquettes le meilleur tonique et un antirides efficace pour le visage et le cou. Cette vieille femme aux savoirs exceptionnels connaissait chaque recoin de garrigue où se blottissaient les plantes miraculeuses. À un artisan qui se plaignait de douleurs musculaires, elle a conseillé de faire bouillir des petits brins de romarin dans l'huile d'olive, durant trente minutes, puis de filtrer. Cet excellent liniment en massages quotidiens a chassé la douleur. Un bon sachet de cette plante dans un bain enraye la fatigue, développant la bonne humeur... » Par un petit rire, mémé a cassé la fin de son bavardage.

Inlassablement, dans la cuisine, le tic-tac du balancier de la grande horloge dévore la marche du temps. Mémé Frésia verse avec précaution le breuvage magique dans deux grands bols en lourde faïence.

Dans une vapeur odorante où dansent les volutes bleutées, j'ai murmuré « bonne et heureuse année, mémé ».

III

Lou pantai dou pastre*

La vallée tire avec précaution son rideau de brume bleutée ; un faible vent aux fraîches senteurs de mousse, de bruyère, de romarin s'attarde au pied de la colline, jouant avec les fruits de l'arbousier.

Derrière le champ d'oliviers aux troncs difformes, sur un chemin de terre, dans le désordre emmêlé de bêlements et de sonnailles, abandonnant à la feuille épineuse du houx quelques brins de laine, le troupeau de Tonin avance sur la pente douce qui mène à la bergerie où, blotti contre une conque à l'eau brunâtre, somnole un reste de soleil.

Les bêtes rentrées, Tonin ferme sur une tiédeur odorante les portes de la bergerie et, d'un coup sec du poignet, libère la grosse clé de la serrure grinçante, charge la biasso sur son dos, s'apprête à regagner d'un pas pesant la vieille bastide, là-bas, derrière le petit bois... juste après le pont de pierres grises où coule tout guilleret le Gapeau*.

Tout en cheminant, notre berger se parle à lui-même :

« Oh ! combien tu es belle, nuit du 24 décembre... »

« Allons, Tonin, il faut hâter le pas... N'oublie pas la messe de minuit... le gros souper, dès le retour, avec les treize desserts, servis dans les plats en faïence festonnée... La vieille Adeline aura préparé la pompe à huile* rousse, piquée de grains d'anis, qu'elle placera sur la nappe blanche, tout près d'une bouteille de vin muscat aux reflets d'ambre. »

Telle une farandole, ses pensées sautillent dans sa tête...

Tonin, à la lisière du bois, a ralenti sa marche et s'est assis sur un talus ; du regard il parcourt le velours sombre du ciel où la nuit pose des guirlandes d'étoiles, tandis qu'une lune toute ronde de bonheur, sous un abat-jour aux semis neigeux, taille dans l'ombre des sentiers des perles de rosée pour parer la clairière dépouillée.

Soudain il perçoit dans la cadence de son cœur d'homme l'écho trébuchant de l'enfant qu'il était.

Il ferme les yeux sur un sourire ; sa pensée, dans un craquement, éclaire un personnage extraordinaire, le vieux pescadou, Philémon. Notre berger, aux bruissements feutrés du silence, tend l'oreille ; la voix grave à l'accent de

Provence le berce mollement ; Philémon raconte...

« Noël... Noël... ailé tendrement de mystères... Cette nuit-là... la plus belle des étoiles descend au bord d'un cours d'eau choisi par elle et vient pour sa toilette s'y baigner... En chantant elle se promène sur l'onde. Sa longue traîne tissée de fils d'argent flotte dans le courant, perdant ses paillettes. L'étoile regagnera, plus brillante que jamais, la voûte céleste.

« Notre petit fleuve, lui, plus riche dans sa rutilante parure, va du côté des Salins* offrir à la belle dame bleue, endormie dans la mousseline de ses vagues, les paillettes argentées.

« Avec grâce, d'un geste harmonieux, elle distribue à tout un peuple de poissons et de coquillages une poignée de cette poudre scintillante. »

Depuis cette nuit-là... très... très lointaine, le peuple de la mer porte une armure d'écailles ou un fourreau de nacre. Tonin frotte ses yeux... Le clocher du village, par sa vieille cloche, annonce la messe de minuit ; les chants montent déjà vers la courbe des voûtes lorsqu'il pousse la lourde porte de l'église. Il s'approche de la crèche, de sa grande main prend un petit santon, le place à côté du berger.

Vous dire le nom du village ?

Si une nuit de Noël vous rencontrez, dans une crèche provençale, sur un minuscule sentier de mousse, le berger, le pêcheur marchant tous deux côte à côte vers l'enfant Jésus... c'est ici le village de Tonin le berger.

L'étoile de cacao

Au hasard des chemins, il parcourait la Provence... Il ne savait plus... Combien de villages avait-il traversés ?

Exténué, découragé par cette errance sans fin, il s'arrête au bord de la route où un semblant de mur de pierres l'accueille pour quelques moments de repos. Son regard s'accroche à la colline, puis glisse à travers le feuillage d'un grand cyprès qui masque à demi le clocher d'un village. Ses yeux s'attardent sur ce clocher qui semble lui dire : « Viens vers nous ! Combien est beau mon village, viens ! » Le tintement d'une cloche accompagne l'invitation. D'un pas lourd, il se dirige vers la fontaine qui, dès l'entrée, offre sa conque de granit gris où sommeille une eau fraîche et claire. Dans le creux de sa main, il en prend un petit peu et boit presque goulûment.

Une seule rue traverse le village. Il l'emprunte avec hésitation. Devant sa boutique, Tonin le boulanger, les bras croisés sur sa poitrine, le regarde avec insistance puis, d'une main, fait un geste et de sa voix forte l'invite à venir jusqu'à lui : « Approche, viens goûter mon pain. » Il va vers Tonin qui aussitôt lui donne une miche dorée et encore tiède dans laquelle il mord avec gourmandise.

La vieille Nanon l'a vu arriver. Aussitôt elle se précipite à la boulangerie pour savoir... Je dois vous dire que Nanon est un personnage surprenant : c'est l'ancêtre du village. Dès qu'elle arrive, avec stupeur, elle claironne d'une voix verte : « Boudiou, il est sombre comme la nuit. » Tonin semble le découvrir et dit : « C'est vrai ! Comment t'appelles-tu ? »

Un grand sourire éclaire son visage : « Je m'appelle Anatole. » Et le boulanger lui réplique aussitôt : « C'est vrai que tu es sombre : tu ressembles à un petit grain de cacao. » Toujours souriant, Anatole répond : « Je veux bien, pour vous, être Cacao. »

Nanon, le boulanger et Cacao sortent de la boutique. Tonin appelle le forgeron : « Ernest, regarde : c'est Cacao. Il vient au village pour rester avec nous ; mais alors où va-t-il loger ? » Ernest vient vers eux en boitant légèrement : « C'est facile. Regarde, Cacao, sur le versant de la colline. Oui, là, tout près du gros rocher. Tu vois ce cabanon ? Mon père et moi, nous l'avons construit. C'était un gîte pour les grandes randonnées de chasse. Aujourd'hui, mon père n'est plus ; quant à moi, depuis mon accident, je suis “goî” et je ne chasse plus. Alors, ce cabanon, s’il te convient, il est à toi. »

La vieille Nanon est partie, puis revenue aussitôt, les bras chargés de draps, de couvertures et d’un grand oreiller.

Dans un panier l’épicière a glissé deux assiettes, un verre, un bol, une casserole et une vieille cafetière à collerette d’émail.

Une joie intense imprègne le visage de Cacao. Pour grimper jusqu’au cabanon, on a attelé à une petite charrette Ignace, l’âne gris qui appartient à tout le village. Ignace connaît le chemin qui mène au cabanon ; tout en trottant, il adresse à Cacao des regards de tendresse.

Depuis ce jour, Cacao s’occupa entièrement du village. Il nettoyait l’église, allumait les feux pour les grandes lessives, participait à toutes les cueillettes mais refusait d’être payé. Il est vrai que tout le village lui donnait de quoi vivre chaque jour.

Les jours de fête, l’église était pimpante, le bénitier jamais privé de son eau ; les statues, dépoussiérées et fleuries.

C’est Cacao qui sonnait les cloches et appelait les fidèles.

Les années passèrent. Cacao, les tempes blanchies, continuait à donner tout son temps à ce village de Provence devenu le sien. Son ami de toujours, Vincent le berger, lui aussi avait vieilli.

À quelques jours de la Noël, Vincent, parti avec son troupeau sous les barres rocheuses, tardait à revenir. Inquiet, Cacao partit à sa recherche et le rencontra sur le chemin de terre, suivi de son troupeau.

« Tu tardes bien, ce soir. J'ai ouvert les deux portes de la bergerie ; tu n'auras plus qu'à y pousser les moutons. » Aussitôt Vincent répondit : « Je me suis attardé à cause de la grosse brebis qui, en gambadant, est entrée dans une faille de la roche et est “esquichée”. J'ai dû l'aider à sortir. »

La nuit se glissait dans la garrigue ; les premières étoiles s'allumaient dans le ciel. Alors Vincent dressa la tête et, de son bâton, montra : « Tu vois, Cacao, cette étoile qui brille très fort ? Oui, celle qui s'allume la première. Sais-tu que c'est mon étoile ? » Cacao, à son tour, parcourut le ciel du regard avec fièvre. En vain : aucune étoile n'était la sienne...

Dans le village, on était intrigué par les allées et venues de Cacao. Il ramassait des bouts de ferraille et des bougies. Le soir du 24 décembre, tout le monde était à l'église. Le curé, tout étonné de son absence, sonna lui-même les cloches. Il s'apprêtait à commencer sa messe de minuit. Cacao n'était toujours pas arrivé. Pourtant on savait qu'il était venu : le bénitier était plein d'eau ; dans un coin de la crèche il y avait quelques brins de houx fraîchement cueillis ; les cierges étaient tous allumés pour célébrer la naissance de l'enfant Jésus.

Sur le parvis, un chien aboya si fort que tous les fidèles se levèrent. Le curé alla vers ces aboiements déchirants, suivi par toute l'assistance. Et alors là, accrochée à la colline, une étoile immense brilla dans la nuit de Noël. Cette étoile était faite de bouts de ferraille et de bougies allumées. En procession, on se dirigea vers elle. Là, couché à son pied, un sourire aux lèvres, Cacao s'était endormi pour toujours, heureux, car il était parti en accrochant son étoile dans la colline.

Si, toutefois, un soir du 24 décembre, vous traversez un village où, à l'entrée de l'église, un boulanger, une grande banaste* sous le bras, vous offre une brioche en forme d'étoile saupoudrée de petits grains de cacao et vous souhaite un joyeux Noël en vous disant : « Voici l'étoile de Cacao », c'est que vous avez découvert l'endroit où cela s'est passé. Si vous voulez le nom de ce village de Provence, je vais le murmurer à votre oreille : « Il faut le chercher... un soir de Noël ! »

La couleur des yeux de Jésus

Dans un plis de la colline, à l'écart de la grande route, on aperçoit, dès qu'on emprunte le chemin de terre, une maisonnette où un lierre vagabonde sur la blanche façade aux volets bleus. Son toit ressemble à une cloche de tuiles supportant une cheminée dont l'inclinaison fait penser à la tour de Pise.

Ici un bruit feutré enveloppe ce coin de colline appelé Clair Matin par le santonnier Anatole. C'est dans cet atelier étroit qu'il pétrit les plus beaux santons de Provence, où se blottit dans chaque ride et dans chaque geste l'image des anciens. Sur son établi on rencontre tous les métiers d'autrefois, tout ce peuple d'argile qui attend dignement d'être placé dans une crèche.

Anatole est sans âge ; une barbe drue, qui pourtant frisotte un peu au-dessus des oreilles, couvre entièrement son visage où brille un regard sombre. Sa tignasse aux larges boucles porte des reflets roux et semble dédaigner la présence d'un peigne. Cette chevelure en désordre lui va bien et son ombre, sur le mur blanchi à la chaux, cisèle le profil d'un pâtre grec.

Le santonnier parle peu ; seul un geai du nom de Cabriole a droit à l'éloquence de son verbe.

Tout au fond du jardin, dans un cabanon en pierre qui fait face à la maisonnette du maître, vit Barthouloumiou. Il est en quelque sorte l'homme à tout faire, un genre de valet de ferme. Il bêche, sème, récolte et dit avec fierté : « Mon potager est aussi beau qu'un tableau d'artiste-peintre. » C'est lui qui prépare dès le matin le café et la motte d'argile ; il nettoie les outils puis, une biasso jetée sur le dos, il part pour le village et en ramènera le pain rond et dodu, le journal, le courrier et quelques nouvelles du pays.

Barthouloumiou est grand, sec comme un sarment de vigne ; son dos légèrement arrondi fait ressortir davantage ses épaules pointues. Il se déplace avec un balancement du corps et des bras, au rythme de ses grands pieds. Dans son clair regard se mêlent innocence, rêve et bonté.

Dès qu'il aperçoit une coccinelle, ses yeux se voilent dans la tendresse du souvenir. Il pense à sa mère qui, les jours de fête au village, portait un corsage rouge à pois noirs.

Tandis que son maître se penche sur les personnages d'argile, lui, dès que le ciel commence à pâlir, emprisonne dans la paume de sa main des miettes de soleil ou un bout de ciel et, assis sur un banc de pierre devant son cabanon, joue sur l'harmonica des airs improvisés qui dénudent son âme d'homme simple et naïf. Il dit souvent en parlant de lui : « Je suis moitié rien... moitié tout. »

Un jour, revenant du village, Barthouloumiou est bouleversé et émerveillé à la fois. Tonin, le boulanger, lui a dit que Jésus était né en Provence. Il se précipite avec maladresse et conviction dans l'atelier de son maître, des phrases emmêlées se bousculent au bord de ses lèvres.

Un santon retient son attention ; il montre, d'un index hésitant et avec émotion, le ravi :

« Maître, il me ressemble... » Il écarquille ses yeux où coule la lumière. « Boudiou ! » dit-il d'une voix assourdie. « Alors je serai dans toutes les crèches ? » D'un mouvement de la tête Anatole dit oui et, s'adressant à Barthouloumiou : « Dis-moi. Puisque Jésus est né en Provence, peux-tu me dire la couleur de ses yeux ? » Dans un bref silence, le brave homme au regard d'enfant réfléchit, sa bouche dessine un *o* tremblotant. « Ils sont bleus ! » Agacement du santonnier. « Mais il en a des bleus !...

— Un bleu, maître, un bleu... comme il n'y en a pas deux ! »

Son regard erre dans l'étroite pièce avec la légèreté d'un papillon. Il prend la palette du santonnier avec vénération et dit : « Une pointe de bleu lavande, une goutte de bleu mer, un nuage de bleu ciel, on mélange tous ces bleus. Voilà la couleur des yeux de Jésus. »

L’orange et le houx

Catherine, ouvrière agricole, veuve depuis quelque temps déjà, travaillait durement au fil des saisons pour élever son petit Henri âgé de cinq ans.

Dans la froidure des petits matins, elle allait vers les champs de violette qui parfumaient les rives du Roubaud. Malgré la morsure du froid, elle rassemblait les feuilles en collerette pour protéger la petite fleur fragile, teintée de bleu nuit.

En période de récolte, on la voyait dans la vallée de Sauvebonne, son chapeau de paille maintenu par un foulard noué sous le menton, cueillant les fruits, et on la retrouvait aux vendanges, fidèle aux vignes qui bordent le Gapeau, avec l’ardeur besogneuse des gens de la terre.

L’hiver était pour elle une saison pénible. La terre était en sommeil ; alors elle faisait des bugades* pour les gens aisés. La côte qui mène au lavoir lui paraissait de plus en plus raide, la roue de sa brouette chargée comme un dromadaire grinçait sur les pavés usés de la ruelle.

Un 24 décembre au matin, Firmine qui habitait au bas de la rue, dans la maison blanche, arriva chez Catherine, lui proposant un travail chez le notaire qui recevait des amis pour le réveillon.

Il fallut que Catherine explique au petit garçon son absence un soir de Noël en mettant dans ses phrases toute la douceur de sa profonde tendresse :

« Henri, Maman va travailler ce soir... Le Père Noël ne peut pas venir chez nous cette année, mais il m'a promis qu'il passera deux fois l'année prochaine. » Le petit garçon regarda intensément sa maman. Dans ses yeux l'affection prenait toute la place. Puis il grimpa sur son lit où un oreiller attendait avec de la poussière de rêve.

Avant de partir, Catherine avait réuni quelques brindilles dans la cheminée et des baisers de douceur sur le front de son enfant.

Dans la cheminée, le margotin* brûlait, léchant par des ombres menaçantes le mur de l'alcôve. L'enfant pensait à un monstre qui pouvait venir quand sa maman n'était pas là. Après une hésitation de courte durée, il alla vers la cheminée et, armé d'une bûche, se glissa à nouveau dans son lit, serrant très fort contre lui ce bois rassurant.

Aux premières lueurs incertaines de l'aube,

comme la nuit s'éloignait en éteignant les étoiles, Catherine arriva dans sa maison, d'un pas alourdi de fatigue.

Sur une chaise aux pieds raccourcis, tout près de la cheminée, elle vint réchauffer sa lassitude. Dans la poche de son tablier, l'épouse du notaire avait glissé une orange.

Catherine sourit ; elle alla se pencher sur son tout-petit ; toujours souriante, avec un peu d'humidité dans les yeux, elle retira la bûche et la remplaça par l'orange. Un frisson la contraignit à croiser son fichu sur sa poitrine avec un geste frileux qui l'escorta jusqu'à la cheminée où, sur la petite chaise, elle reprit sa place, la tête penchée sur sa poitrine, soulevée par une respiration qui partait à la rencontre d'un sommeil réparateur.

La fraîcheur de l'orange ou le parfum du fruit réveilla l'enfant qui dit d'une voix enrouée d'émotion : « Maman ! Maman ! Il est passé quand même ! » Sautillant, il était déjà tout près de Catherine, le gros fruit dans sa petite main ; il cueillit sur le tablier de sa maman un brin de houx qui avait dû décorer la table au gros souper du notaire.

Le temps a passé... Henri, père de famille, le soir du 24 décembre, avant d'aller vers la Sainte Nuit, prend une orange, un brin de houx qu'il pose dans un geste de dévotion sur le rebord de la cheminée ; puis il tend la main à une petite fille. Le clocher de Saint-Paul, avec insistance, carillonne pour les derniers fidèles.

Là-haut, sous les voûtes, la messe de minuit s'ouvre sur les chants de Noël en langue provençale.

Le petit Henri était... MON PÈRE.

« C'était notre façon »

C'est ainsi que s'est exprimé Honoré, instituteur en retraite, pour me parler du réveillon de la Saint-Sylvestre et du jour de l'an.

« Ce soir-là, dans la bastide de Léonard, nous mangions une soupe paysanne préparée par Thérésine, dans laquelle trempait un chapelet de grosses saucisses campagnardes. Un tian d'Aubagne trônait au milieu de la table, rempli de cousteline, salade sauvage de pissenlit. Quelques croûtons frottés à l'ail se reposaient parmi cette verdure. Dans un ruscas, morceau d'écorce de chêne tapissé de feuilles de châtaignier, les fromages de chèvre, serrés les uns contre les autres, attendaient les amateurs. Les dames-jeannes, posées dans un coin de la vaste cuisine, gardaient un vin fruité chambré. Dans la cheminée une énorme souche brûlait lentement. L'ambiance portait l'écho d'une soirée de fête.

« Tout en chantant, nous attendions l'annonce de minuit par le clocher du village. Bien sûr, notre réveillon était modeste et combien différent des réveillons d'aujourd'hui : on communiquait dans la joie avec pour décor des choses simples mais vraies, et je me souviens que Prosper nous faisait danser avec son accordéon.

« Le lendemain, pour les étrennes, le parrain, la marraine nous offraient la petite pièce trouée qui nous rendait riches et pleins de projets... Mais je me souviens : pour moi, les plus belles étrennes... tiens, viens, Magali, je vais te montrer... »

Courbé par les ans, un regard d'enfant, Honoré s'est dirigé vers une étagère située entre la fenêtre et la cheminée où loge un gros livre. Avec la précaution d'un orfèvre, il l'a pris dans ses mains et me l'a montré. Sur la couverture usée j'ai lu *Notre-Dame de Paris*. Le nom de l'auteur était à demi-effacé... Alors Honoré m'a dit : « Sais-tu que c'est Victor Hugo qui a écrit cette œuvre magnifique ? » J'ai fait un signe de la tête et aussitôt cet instituteur à la retraite m'a raconté que, pendant toute son enfance, il avait eu un ami qu'il aimait passionnément et qui s'appelait Quasimodo...

« Vois-tu, aujourd'hui, peut-être qu'on aspire à des étremnes plus riches, plus importantes, mais moi je sais combien une petite chose peut donner une grande joie. Une joie profonde et immense parce que ce livre m'a été donné, un matin de premier de l'an, avec gaucherie, par Zidore, un instituteur depuis longtemps disparu.

« Et sache, Magali, que chaque année depuis mon enfance, lorsque le clocher du village sonne les douze coups, pour entrer sur la pointe des pieds dans l'année nouvelle, je demande à Quasimodo d'être avec moi. »

Octave Calendrin

La route qui mène au hameau forme une boucle entre deux longs cyprès. Un chant d'oiseaux monte vers un ciel limpide. Des abeilles, affolées de soleil, dansent au-dessus d'un massif de genêts, pendant qu'un cordon de fourmis, sombres comme la nuit, se dévide dans la petite cavité d'un parapet en ruine.

Au croisement de deux sentiers, couverts d'herbes folles, bordés de fleurs sauvages, une lumière chaude et vive ruisselle à travers deux oliviers bossus.

En ce début du mois de mai, la Provence prend son visage légendaire de couleurs et de parfums.

Je marche vers le « maset* » indiqué par une femme occupée à étendre la lessive.

La bâtisse trapue s'appuie à une restanque* grise, de petites fenêtres de crèche sourient dans une façade ocre, où le lierre promène la languette de ses feuilles vertes.

Octave Calendrin est assis, près de sa porte, sur une chaise aux pieds raccourcis, tout près d'une niche taillée dans la pierre, où la statuette d'un saint veille sur lui.

Sur le fronton de la porte, on peut lire une devise naïve, que l'ombre d'un figuier aux branches tourmentées taquine gentiment.

Ce patriarche provençal est de taille moyenne, diminuée par des épaules légèrement voûtées. Un crâne entièrement chauve exagère la hauteur de son front qui garde, obstinément, les traces d'une casquette. Ses oreilles, grandes et froissées, ressemblent à deux anses de daubière.

Dans ce visage au ton d'argile, des yeux gris-vert ombragés de sourcils en désordre m'interrogent...

D'un sourire, Octave retrousse un peu le coin de sa grosse moustache.

Un goût de bonheur flotte dans l'air.

Un chien auburn, effronté comme Arlequin, sautille autour de moi, mettant dans sa gueule de joyeux aboiements.

D'une voix grave où l'accent de Provence traîne des terminaisons ensoleillées, Octave Calendrin apaise la frénésie de l'animal.

« Allez, ça suffit, "Chichourle*"... Moi aussi je la trouve sympathique et... je comprends tout de suite l'objet de sa visite... »

Je souris à mon tour tout en caressant « Chichourle ».

« Pourquoi lui avez-vous donné ce nom ?

— Tout simplement parce qu'on oublie de plus en plus le "chichourlier" et que la couleur de son poil me rappelle celle du fruit de cet arbre. »

Sa main aux veines saillantes s'attarde sur le dos du chien. J'hésite un peu avant de formuler :

« Monsieur Octave Calendrin... j'aimerais savoir... »

Il m'interrompt aussitôt par un profond « je sais ».

D'un mouvement de la tête, son menton me désigne un tabouret en bois, un peu mastoc, abandonné devant une fenêtre basse où une tresse d'oignons, accrochée sans vergogne, montre des têtes blondes au bouquet de persil frisé dont les tiges font trempette dans un bocal.

« Chichourle » s'est couché à mes pieds et semble dormir. De la poche de son gilet, étoilé de reprises, le vieil homme sort un paquet de gris, roule une cigarette avec adresse et minutie.

Un sourcil en accent circonflexe, le geste suspendu, Octave tend l'oreille à un gazouillis précipité, suivi de notes vibrantes, sonores et flûtées.

« C'est la fauvette à tête noire ; elle couve dans un buisson ; on peut la reconnaître facilement du mâle. Elle porte une calotte brun-rouge. Son ventre est brunâtre, tandis que lui a un ventre gris cendré et la tête noire. » Le reste de sa phrase se perd dans le mouvement de sa langue qui humidifie la cigarette roulée. Sa main gauche fouille la poche du pantalon de grosse toile bleue, afin d'en sortir un long briquet démodé.

« Ah ! *esse aqui**. » Son pouce râpe sur la molette sombre. Une flamme aussi haute que celle d'un candélabre allume la cigarette. Appuyant sur moi un regard vif et rapide, Octave toussote par saccades dans les arabesques d'une fumée bleue, puis racle sa gorge pour donner à sa voix le timbre souhaité.

« C'est les on-dit, de bouche à oreille, qui vous ont amenée jusqu'à moi... Ne protestez pas... je sais, vous voulez que je vous parle des légendes du terroir... de la nature... des plantes... des saisons et... peut-être de moi-même... »

Avec attention je regarde ce personnage à l'âme d'enfant, fort d'une science dépouillée de tout artifice. « Chichourle », qu'un scarabée volant agace, pose sur mes genoux sa tête de chien sans race.

« Monsieur Calendrin... j'aimerais... si vous le permettez... »

D'un petit rire, Octave coupe ma phrase.

« Je vous arrête tout de suite : Calendrin n'est pas mon nom... C'est un sobriquet donné par les gens du coin à mon grand-père, un homme merveilleux... Plus tard je vous parlerai de lui et je suis sûr qu'il inspirera votre plume mieux que quiconque... Par contre, Octave, c'est mon prénom... On m'a appelé ainsi parce que j'étais le huitième garçon de la famille, je vous raconterai tout ça bientôt... »

Au coin de sa bouche la cigarette s'est éteinte.

« Ici je suis très heureux, un potager, quelques légumes pour ma soupe, un poulailler biscornu avec trois excellentes pondeuses... Tiens, venez voir le cabaret des oiseaux ; ils sont tous mes amis ; c'est là... »

Sa démarche assez lourde m'emmène jusqu'au petit ruisseau qui traverse un jardinet à la modeste clôture où un portillon, au fond du potager, donne sur une rocailleuse ruelle qui se perd dans un chemin de terre.

Je respire profondément. Quelle tranquillité douillette. Dans un court silence passent des chants d'oiseaux. Les bruits de la ville ici sont inconnus.

L'après-midi égrène ses heures sans que le soleil ait perdu de son intensité. Sur le chemin, en catimini, une forme noire se dessine.

« Tiens, voilà Dévote Santini qui vient me ramener mon linge... »

Une femme entre deux âges, menue, porte un grand panier à son bras, avec une démarche de reine ; un timide bonjour fait briller ses yeux noirs. Je lui adresse maints compliments sur sa façon de marcher... Alors elle me raconte : « Mon village est dans la Casinca parmi les fougères et les châtaigniers. Lorsque j'étais une petite fille, j'allais chercher de l'eau à la source, je posais sur ma tête “una sétia*” qui donne une certaine aisance dans la démarche. »

Voilà un personnage qui m’intéresse.

« Puis-je vous poser quelques questions ? »

Le vieux Calendrin, à pas lents, s’est éloigné de nous pour se rapprocher du poulailler.

Sortant de sa réserve, Dévote, d’une voix douce, me répond :

« À quoi bon... je sais que vous écrivez... Eh bien, voilà... »

Dans ses yeux une petite lumière s’allume.

« Je suis née à Penta di Casinca, où il fait bon vivre. De la place de mon village on voit Loreto ; c’est là que mon défunt mari est né... J’aime très fort mon coin de terre, j’y pense très souvent... Si je l’ai quitté, c’est pour suivre mon fils Victor, qui est garde forestier. » De sa main elle montre le gros dos de la colline. « Ici nous avons un bon voisinage, mais nous portons en nous la nostalgie de notre île. »

Le tintement d’un grelot arrête son récit. Sur le chemin derrière un bosquet, une voix appelle : « Maquis, Maquis ! » Puis cette voix d’homme s’exprime en langue corse pour parler à son chien. Victor Santini, de taille moyenne, le regard vif et la chanson souvent rivée aux lèvres, est là.

Chaque soir, il salue son ami Octave, bien qu’il le soupçonne de braconner... un peu.

Les soirées d’été, il vient avec sa mère, « prendre la fraîche* » et chanter des berceuses du pays, où dans l'accent roulent les galets du Golo.

Déjà une brume opaque dort dans le vallon, une brise légère caresse la cime des arbres. Sur le chemin du retour, au croisement de deux sentiers, les vers luisants accrochent aux herbes folles de minuscules lanternes. Sur un traîneau de quelques notes, le chant du grillon glisse sous un arbrisseau.

La naissance d'un crépuscule parfumé charrie sur la vallée une buée d'étain piquetée de points d'or... Là-bas le fond du soir diffuse des lambeaux de soleil, tandis qu'une éolienne tourne avant de s'endormir.

Sous la treille

C'était en 1922... Cette année-là, le mois de mai déployait une magnifique palette de couleurs.

Tout là-haut, sur la colline, dans une bastideto appuyée à la bergerie, vivaient Mamette, sympathique chevrière, et sa petite fille Cabri.

Dans cette bastideto aux meubles lourds, un parfum de miel, de lait, de plantes, peuplait chaque recoin obscur.

Une cheminée portait avec coquetterie un volant festonné de cretonne rouge et prenait tout un pan de mur. Sur son fronton, des pots en faïence fleurie sagement alignés, un moulin à café voisin d'une cafetière émaillée à la collerette de carreaux rouges et blancs, quelques photos qui semblaient se faire des confidences.

L'âtre sombre permettait au trépied de trôner, emprisonnant de ses pattes écartées de « favouion* » un margotin* de brindilles. Dans un coin des chenets dépareillés boudaient.

La Mamette, devant la cheminée, assise sur une chaise paillée aux pieds raccourcis, tient dans ses vieilles mains un bâton, remue le lait de chèvre qui chauffe doucement dans un grand chaudron mâchuré, souventes fois étamé.

Parées de rideaux anciens en dentelle écrue, les étroites fenêtres donnent chaque jour naissance à une douce clarté blonde carignée* par un tendre soleil qui, avec une infinie délicatesse, pose d'agréables « poutoun* » sur le carrelage ocre et poreux de la vaste cuisine.

Une petite brunette de huit ans, appelée Cabri par la Mamette, prépare de petits bouquets de plantes cueillies dans la colline, qu'on vendra le jeudi matin au marché du village voisin avec les pots de miel, de confiture de mûres sauvages et les fromages de chèvre.

De faibles bêlements, un duo de chants d'oiseaux, le crépitement du feu, tous ces petits bruits laissent percevoir quelques notes musicales jouées par un galoubet.

Cabri prête l'oreille. Dans ses yeux de petites « bélugo* » se sont allumées. Avec vivacité, elle repousse les petits bouquets, en sautillant décroche un panier pendu à un gros clou.

« Mamette, il me manque du "pébré d'aï*" et de la "farigouleto*". Je vais en cueillir. »

« Gangassant* » légèrement sa tête coiffée d'un chignon riquiqui tout en remuant, de son grand bâton, le lait, la vieille femme répond :

« Si toutefois... tu rencontres Pierre, le petit berger, dis-lui qu'il t'aide à cueillir et... »

Cabri n'a pas entendu la fin de la phrase. Alors, avec précaution, un sourire se pose sur les lèvres de la Mamette, projetant l'éclat d'une tendre pensée.

Tendre amitié

Au-dessus de la bergerie, un plateau herbeux dissimule les petites bosses de la colline.

Un troupeau de moutons broute avec avidité, sous le regard vigilant du chien Clairon.

Pierre, petit berger de dix ans, au large chapeau en feutre marron, sa chemise aux manches retroussées jusqu'aux coudes, montre des avant-bras colorés par le soleil. Son pantalon de toile bleue, rapiécé aux genoux, laisse voir de grosses chaussures aux bruns lacets de cuir.

Gambadant, la jeune chevrière va vers le petit berger.

Tout en jouant du galoubet, Pierre ajoute à son regard un sourire débordant d'amitié.

Puis, main dans la main, égrenant leur rire d'enfants, tous les deux dévalent, dans une course désordonnée, la pente qui mène au cours d'eau, là où le genêt, en gerbes d'or, explose au soleil.

À l'ombre d'un saule, une cascatelle rebondit

sur le dos moussu d'une grosse pierre, avec un joyeux bouillonnement.

Au milieu d'une petite lisière à herbes courtes, les enfants ont construit, avec des planches, une cabane au chapeau de « feissino* » qu'ils appellent « le Palais de la princesse Poulideto* ».

Le petit berger pose dans la cassure d'une pierre son galoubet. Puis, en preux chevalier, suivi d'une bruyante galopade rythmée par ses grosses chaussures, il part à la conquête du Royaume d'Or (les genêts), en revient presque aussitôt, serrant dans le fond de son grand chapeau une poignée de fleurettes jaunes au parfum de miel.

Avec une révérence gracieuse, Cabri s'incline. Alors le beau chevalier pique dans la chevelure sombre l'or des genêts en murmurant :

« Cabri, tu seras toujours ma princesse. »

Sur un mouvement de danse, tous deux chantent à pleine voix. Leur rire mange quelques notes. La cadence de leurs pas entraîne leurs pieds dans le ruisseau. Chantant plus fort, de leurs mains, ils font jaillir les éclats de gouttelettes capricieuses et transparentes dont la fraîcheur plisse leur nez, dans une grimace creusée de fossettes.

Les aisons, vêtues de soie ou de bure, cheminent au fil du temps, ouvrant la marche aux années.

La mamette

En hommage à Victorine Lésostri

La couleur roussâtre du petit matin pose sur les galets ronds de la courette une poussière safran.

Chaque jeudi, jour de marché, Cabri attelle Ignace à la branlante carriole. Ce petit âne gris aux frémissantes oreilles ourlées de noir emprisonne dans son regard mystérieux, sous ses paupières ridées et gonflées, un invisible diablotin.

Sur sa tête, la Mamette visse un chapeau en paille noir, pose sur ses maigres épaules un fichu gris aux impressions gommées par l'usure et, aidée par Cabri, charge la carriole.

Les petits bouquets de plantes, serrés dans un « coufo* », gardent jalousement toutes les senteurs des garrigues, tandis que les fromages de chèvre reposent sur le plissé d'un tulle blanc. Les pots de miel coiffés d'un couvercle ambré prennent place au fond d'un grand panier.

Au loin, un campanile émiette le « ding

dong » de ses heures. La vieille chevrière sursaute :

« Seigneur... déjà sept heures... Oh ! la la, je ne suis pas en avance pour le marché... Les clients n'attendent pas... Allez, viens m'aider, "pichoto*", à m'installer. *Aqui li sian** enfin... Pourvu qu'Ignace ne fasse pas sa crise de "testardigé*", j'arriverai à temps... Ah ! j'oubliais de te dire (dans ses mains elle réunit les rênes de cuir) : des gens de Méounes doivent venir prendre les plantes... Tu leur donneras celles que j'ai enveloppées dans une feuille de journal. C'est pour la tension... Et n'oublie pas la cueillette... De plus en plus on vient nous en demander. Même de Draguignan ils vont venir. »

Un chevreau s'est échappé de la bergerie. Cabri le prend dans ses bras.

« J'irai à la cueillette, c'est promis, Mamette. »

Pendant qu'Ignace prend, avec le grincement de la carriole, le chemin qui mène au village, on entend à nouveau Mamette.

« Si je tarde trop à rentrer, ne m'attends pas ; mange sans moi. Il faut que je voie Laurette, la bonne du nouveau curé. Il s'appelle le père Bonnefoi. C'est un joli nom pour un homme de Dieu. D'après ce que j'ai entendu, il est sympathique, mais il n'a pas l'accent de chez nous. "Vaï*", l'accent lui viendra, avec un peu de bonne volonté... »

Dans la tête de Cabri bourdonnent toutes les recommandations de sa chère grand-mère.

Vers la vieille bastideto, un troupeau de chèvres s'accroche au flanc de la colline, un chien sans race accourt à la rencontre de la jeune chevrière avec exubérance et débordement de tendresse.

Ouvrant la porte aux anciennes ferrures qui donne accès à la vaste cuisine, la fillette sort de la poche de son tablier un galoubet, le couvre de baisers, tourbillonne avec grâce avant d'en tirer les quelques sons d'une ronde provençale.

La route poudreuse qui mène au hameau forme un gigantesque escargot avant d'arriver au village.

Le troupeau de Pierre se bouscule sur le chemin. Ignace marque un temps d'arrêt. À cet endroit la carriole est un peu goïo, subissant une inclinaison qui ne tracasse aucunement la vieille chevrière.

« Bonjour, Pierre... De quel côté tu vas ce matin ?

— Bonjour, Mamette », répond le jeune berger. De son bâton, il montre un coin de colline en forme de mamelon où veille avec insistance un oratoire délabré.

Avec un petit, très petit sourire malicieux, la vieille femme, d'un mouvement de menton, désigne le coin de la colline et...

« Tiens, lorsque tu seras là-haut (tout en parlant, elle enveloppe dans deux feuilles de châtaignier les fromages), tu les mangeras, bien sûr, en pensant à moi. »

Sur sa poitrine, elle ponctue le « moi » d'un index déformé par le rhumatisme, accompagné d'un rire trébuchant qui accentue l'éventail de ses rides. Sur un « Hue ! », Ignace presse un peu le pas.

« Testardoun. »

Comme une roulotte de Gitans, la carriole se dandine avant de reprendre le caminet.

Dans ce clair matin couronné de lumière, le berger regarde longuement l'attelage rustique s'éloigner dans le grincement de ses roues. Pour lui-même, il murmure :

« Ah ! si j'avais l'audace de dire à Cabri tout l'amour que... (il hausse une épaule en soupirant). Non ! vraiment, je ne peux pas... »

Dans la paume de sa main le fromage dégouline un peu.

Agacé, il ne sait trop pourquoi, il rejette sa grande cape sur son dos. Avec sa tignasse brune bouclée, ses yeux clairs, il ressemble plus que jamais à Hermès, messager des Dieux.

À l'entrée du village, pour marquer sa présence, la Mamette souffle avec énergie dans une trompette de corne aux sons fluets.

Laurette, bonne du curé, à petits pas, apparaît, sortant d'une ruelle qui longe la chapelle, sous la protection de saint Laurent, patron du village.

Entre les deux femmes, l'échange verbal se fait aussitôt :

« Tiens, Laurette, les plus beaux fromages sont pour le nouveau curé.

— Merci, Victorine (c'est le prénom de la Mamette). Il sera content, ici avec nous. Il se fera vite une santé.

— Pourquoi ? Il est malade ? »

Laurette prend un petit air chagrin avant de répondre :

« Il est pas très costaud, "mistoulinet*" même. C'est pour cette raison que l'évêque l'a envoyé chez nous. »

Indifférent au bavardage, entouré d'un groupe d'enfants, Ignace cisaille quelques brins d'herbe en scandant de ses longues oreilles le mouvement de sa mâchoire.

La vieille chevrière, avec la promptitude d'esprit qui la caractérise, s'adresse à la bonne du curé :

« Laurette, pour ton gringalet de curé, je t'apporterai des plantes. Tu lui prépareras tous les soirs une infusion que tu sucreras avec du miel, bien entendu de préférence le mien. »

L'étonnement se lit sur le visage de Laurette :

« Ça le rendra costaud ?

— Diable, répond la Mamette (signe de croix de Laurette suivi d'un "Oh !" scandalisé). Mes herbes et... la protection de Dieu, c'est le miracle. »

Poussée faiblement, la porte de la chapelle gémit. Le bréviaire à la main, le nouveau curé apparaît :

« Déjà debout, monsieur le curé ? »

La bonne emploie un ton de reproche.

D'un doux sourire, le père Bonnefoi colore son visage pâlot :

« Je veux, dit-il, admirer dès le matin les magnifiques couleurs provençales. »

La chevrière, toujours juchée sur sa carriole, observe le nouveau curé, qui à son tour regarde avec attention la Mamette. Sans se soucier de la présence de Victorine, Laurette s'adresse à son maître :

« C'est Victorine. Tout le monde dans le canton l'appelle la Mamette. Elle vit tout là-haut (de son doigt elle montre la colline) avec sa petite fille Cabri et son troupeau de chèvres. Lui (à nouveau elle montre du doigt), c'est Ignace ; son écurie est tout près de la bergerie et...

— ... et patati et patata, quand elle s'y met c'est une vraie viole ; mais elle n'a pas besoin de manivelle ; elle est comme "le tambour de Cassis*", dit la Mamette. J'aurais pu me présenter toute seule, mais puisque cette bavarde de Laurette l'a fait à ma place, n'en parlons plus. »

Contrariée et confuse, la bonne du curé prend un balai, nettoie l'entrée de la chapelle pendant que Victorine s'adresse au père Bonnefoi :

« Vous prêchez, dimanche, monsieur le curé ? »

L'étonnement se lit sur son visage.

« Bien sûr, madame Victorine.

— En pointu ? »

Le saint homme est interloqué : « C'est-à-dire ? »

Victorine, presque choquée, précise :

« Avec l'accent du Nord ?

— Madame Victorine, répond le curé dans un sourire, tout simplement avec mon accent ! »

La chevrière garde un semblant de silence, puis déclare :

« C'est dommage... J'aurais préféré en provençal...

— Avec le temps, ça viendra, répond le curé, toujours souriant.

La vieille chevrière hoche la tête :

« Bien sûr... c'est que je ne suis pas très jeune, moi. »

Dans ses mains, le curé prend celles de la Mamette en disant : « Mais solide comme vos garrigues. »

La Mamette sort à nouveau un fromage :

« Té, monsieur le curé, celui-là, je vous l'offre. Vous m'êtes sympathique. »

Laurette a arrêté son nettoyage et s'adresse à Victorine :

« Tu sais très bien que j'en ai acheté deux. »

D'une voix un peu grondeuse, elle répond rapidement :

« Et tu crois qu'il en aura trop de trois pour prendre notre accent et... se refaire une santé ? »

Le curé, surpris, tente de calmer les esprits :

« Merci, Mamette. Je vous attends dimanche à l'office. »

La carriole reprend sa route. Mamette confie à Ignace : « Le curé "m'agrado*". »

Tout guilleret, le petit âne gris s'enfonce sous les arbres vers le chemin qui conduit à la bastideto.

Cabri a seize ans

Cabri est une très belle jeune fille ; sa chevelure sombre ondule autour d'un harmonieux visage où des yeux pleins de lumière scintillent dans un iris aux couleurs indéfinissables. « Des yeux couleur du temps », a dit un jour Pierre.

Par cet après-midi, presque maussade, le soleil se montre de temps en temps, jouant avec les nuages laiteux.

Catherine, mère de Pierre le berger, est venue faire part de son inquiétude à la Mamette.

« Victorine, sais-tu que mon petit part chaque soir à la ville et (hésitation) il... il ne rentre qu'au petit matin avec une mine de papier mâché.

— Ce petit, Catherine, est devenu un homme », dit la Mamette servant le café dans un verre épais.

Dans la grande cheminée, un sarment brûle sans conviction.

« Allez, "vaï"... Ne te tracasse pas... Bois le café. »

Sur la paroi du verre, la petite cuillère, par menus heurts, essaie de fondre le sucre.

« Je pense, dit Catherine... (dans sa voix pointe la colère) qu'il y a là-dessous une de ces mauvaises femmes qui prennent les maris des autres et quelquefois... les fils. »

La brisure

D'un pas souple, revenant de la bergerie, tenant d'une main un bidon de lait, Cabri entend la fin de la phrase. Une pâleur lunaire, tel un masque de Pierrot, recouvre son visage. Une profonde émotion monte à sa gorge, brouillant son regard d'une fine buée.

D'une main molle, elle détache les doigts, abandonnant le récipient de métal, court jusqu'au petit ruisseau où le Palais de la princesse Poulideto a disparu, piétiné par la danse des saisons.

Sur deux tiges de genêt, sans fleurs, une araignée au ventre jaune tisse sa toile brodée par le vent.

Au bord de la petite rivière, la jeune fille s'asseoit sur une pierre plate, sort le galoubet* de son corsage, joue quelques notes plaintives tout en se mirant dans l'eau.

Un papillon déploie ses ailes fragiles dans un envol gracieux, suivi du regard par la petite chevrière.

Avec la grâce d'une ballerine, les bras légèrement arrondis, elle noue sur sa tête, à la façon gitane, un foulard en cretonne marron piqueté de points d'or.

Un vent léger soupire dans le feuillage où se perd un gazouillis d'oiseau.

Dans l'échancrure d'une roche de couleur bronze, le miroir d'une flaque d'eau garde de la princesse Poulideto une image d'une fragilité tremblotante, aux contours de rêve.

Sur l'autre rive, une libellule aux ailes bleues trace de gracieuses arabesques avant de se poser sur le pompon douillet d'une fleur sauvage.

D'un vert agressif, une plante qui a calé ses racines entre deux cailloux berce le frou-frou de ses feuilles touffues dans le murmure du ruisseau.

Le regard lourd, Cabri se penche sur le cordon d'eau claire, interroge le reflet marqué d'inquiétude, puis, à mi-voix :

« Cabri, tu as seize ans ; tu es presque une femme (elle hausse légèrement les épaules). Allons, courage... Lorsque tu es seule avec lui (soupir), il faut lui dire des mots très doux... Ah ! s'il te vole un baiser (son index menace une ride dans l'eau), il faut être un peu grondeuse, mais attention (petit rire), paraître heureuse pour qu'il recommence aussitôt ; et puis il te fera un aveu tendre ; alors tu le regarderas gentiment, tu lui offriras tes lèvres pour un long baiser brûlant. »

De sa main elle brise l'image. Au même moment, une pierre jetée dans le cours d'eau prolonge la brisure.

Sur un petit talus bossu où la ronce s'enchevêtre, plus rayonnant que jamais avec sa barbe de conquérant, Pierre s'exclame d'un ton taquin :

« Je te trouve un peu simplette de parler à la rivière. » Il ponctue sa phrase d'un rire sonore.

Les nuages « s'esquichent » les uns les autres pour former un couvercle gris. Au loin dans la vallée, le tonnerre roule sa colère, tandis qu'un éclair, de sa clarté métallique, sillonne l'horizon. La terre boit les premières gouttes de pluie.

La jeune fille sursaute, le galoubet glisse dans un creuset d'eau, emporté par le courant. Il tourne un peu sur lui-même, hésite, frémit, s'éloigne avec regret.

D'un bond, Cabri est tout près de Pierre, devant son hilarité débordante.

« Tu as entendu ? »

Toujours riant, le berger répond par un mensonge :

« Tout. »

Alors le regard de la jeune fille se charge de colère ; dans son orgueil blessé, le timbre de sa voix change tout à coup :

« Tu n'es qu'un pauvre imbécile. Retourne à tes moutons, parle-leur de la ville. Jamais, tu entends, jamais plus je ne t'adresserai la parole. »

En courant, elle grimpe le maigre raidillon pierreux qui débouche sur le petit chemin où les pois de senteur ont tressé leur frise. Sur ses joues, dans une coulée, les gouttes de pluie se mêlent aux larmes.

Elle souffre de devoir mépriser Pierre, plus encore que de son amour perdu. Dans sa tête, les pensées se bousculent jusqu'à la douleur : « Il préfère la compagnie des femmes de la ville. Pourquoi ? Pourquoi ? Je n'ai jamais été pour lui qu'un copain. Rien d'autre. Il n'a rien compris. »

Dans le désordre de sa course, le foulard se détache de sa tête et mollement s'accroche à la tige épineuse d'un genêt sans fleurs.

Pierre avec souplesse court après elle, cueille au passage le foulard, l'agite pour un au revoir plein de pitreries. D'une voix puissante qui se perd dans les drailles*, il s'écrie :

« Ohé, ohé, lorsque tu voudras faire un discours, choisis le Verdon. »

Par un nœud il attache le foulard autour de son cou.

Pierre se marie

Depuis quelques jours, une brise aigre se rue sur un automne d'or et de cuivre.

Dans la grande cuisine, le tic-tac de la vieille horloge, par petits coups de balancier, lape le silence, en posant un éclat doré sur le médaillon d'une assiette du siècle dernier accrochée au mur.

À moitié dissimulée dans l'ombre de la cheminée, Cabri, avec un grand bâton, remue le lait qui frissonne dans le grand chaudron, pendant que la Mamette lie par une fine ficelle les bouquets de plantes fraîchement cueillies par ses soins dans la colline.

Le facteur Camille est l'image même du jovial Provençal (une « escartefigue* tartarinesque* »). Rondouillard, serré dans son uniforme, le képi incliné sur l'oreille, à la Maurice Chevalier, il sifflote avec le vent, chante des marches militaires, au cours d'eau hume avec plaisir chaque saison.

La distribution du courrier se termine, selon sa fantaisie, où elle aurait dû commencer.

Qu'importe puisque chacun a sa lettre ou son paquet.

Chemin faisant, il cueille en cette saison la « cousteline* » pour de savoureuses salades agrémentées de croûtons de pain frottés à l'ail.

Sa bicyclette aux grandes roues, selle bien rembourrée, avale chaque jour des kilomètres de campagne (selon son expression).

Ignace, le petit âne gris aux parpelles blanchies par les ans, accueille le facteur d'un regard doux avant de plonger son museau dans l'abreuvoir de granit.

Camille place sa bicyclette contre l'antique tronc rugueux du figuier. Une fraîche odeur de paille s'échappe de l'étable. D'une main il flatte l'échine d'Ignace, de l'autre il offre un morceau de sucre à l'animal qui rehausse ses babines avec gourmandise.

Sur le seuil de la bastideto, Camille claironne un amical bonjour. Par sa bouche, les nouvelles, bonnes ou mauvaises, circulent vite à la campagne.

La Mamette quitte sa chaise. Une profonde ride creuse son front. Traînant les pieds, elle se dirige vers le buffet, prend un verre, une bouteille de vin. Son geste marque ainsi la bienvenue au représentant des P.T.T.

Un vin écarlate remplit son verre. Il le savoure lentement.

Soudain le campanile fait résonner le son de ses cloches, qui de vallées en buissons arrive jusqu'à la bastideto.

Le facteur écoute, puis déclare : « Aujourd'hui, les vitraux de l'église distribuent des arcs-en-ciel. (S'adressant à la Mamette.) Pierre le berger épouse Justine, la fille d'Auguste Roquebrun. De cette façon il aura le grand pré pour son troupeau. »

Gravement et au grand ahurissement du facteur, le visage griffé par le chagrin, la Mamette murmure :

« Allez, Camille, bois ton verre et va-t'en. »

Ignorant la déchirure causée, le brave homme est reparti. La vieille chevrière semble se ratatiner. Un peu avant de s'asseoir tout près de la cheminée, le regard de sa petite fille s'est durci. Sans un mot, elle est venue s'agenouiller aux pieds de sa chère grand-mère. Secouée par un sanglot, elle enfouit son visage dans le tablier de la vieille femme.

Aucun mot ne sera échangé.

Les deux femmes sont plus que jamais soudées par une immense et profonde tendresse.

La vieille Cabri

Tandis qu'un gigantesque sablier laisse s'écouler le temps, les années dévident l'écheveau des saisons.

Sur une pâle lumière mauve d'un soir d'automne, la Mamette est partie, usée par la lutte de chaque jour.

La course du temps grisonne la chevelure de Cabri. Des rides d'amertume et de chagrin marquent son visage autrefois si beau.

Cabri est une vieille femme.

Le facteur qui a remplacé Camille, comme son prédécesseur, apporte de bastide en bastideto, dans une verve pittoresque, un bulletin d'information concernant la commune et les habitants.

Il s'arrête chez la vieille Cabri, comme on la nomme au village. Ignace n'est plus là. Dans l'abreuvoir de granit, une claire eau de pluie sommeille, rêvant d'un gris museau.

Sur la grande cheminée, dans un cadre ovale,

le portrait souriant de la Mamette salue le visiteur.

« Bonjour, mère Cabri, dit le nouveau facteur. »

D'un ton neutre, la vieille femme répond :

« Ah ! te voilà. Je te prépare ton verre de vin. (Tout en servant.) Alors, les nouvelles, Honoré (nom du nouveau facteur) ? »

Avant de répondre, il fait claquer sa langue contre le palais pour fixer le goût du suc de la vigne :

« Le vieux curé, le père Bonnefoi, a prêché ce matin en provençal. Il nous quitte pour une maison de retraite, du côté de la Navarre. Laurette, la bonne, part aussi, vivre dans un cabanon près de la mer, dans la presqu'île de Giens, héritage d'un oncle... Le maire est parti pour Paris avec un "moulon" de papiers. »

Il interrompt sa tirade par une lapée de vin :

« Pierre, le vieux berger, était depuis quelques jours soigné à l'hôpital de la ville pour une grave maladie de cœur. C'est pas croyable, un homme costaud comme lui. Justine, sa femme, est morte voilà un an. Il l'a suivie de peu ; il vient lui aussi de mourir. Heureusement que son fils Sébastien pourra s'occuper du troupeau. »

La vieille Cabri s'est décolorée d'un coup. Honoré panique :

« Ça ne va pas, mère Cabri ? »

D'une main molle comme le battement d'ailes d'un oisillon, elle le rassure :

« Ça va, Honoré... Un peu de fatigue. Tu veux bien me laisser, maintenant ? »

Le facteur, pensif, quitte la bastideto.

Sébastien
et le foulard piqueté d'or

L'hiver a fermé sa porte ; le printemps est arrivé, parfumé, portant l'harmonie d'éclatantes couleurs ; toute la nature a revêtu son habit de fêtes.

Sur le versant d'une colline qui trempe ses pieds dans la rivière, des genêts fleuris portent avec élégance la dorure d'une colonie d'abeilles bourdonnantes.

Chaque matin, lorsque derrière le dos de la montagnette l'aube chiffonne des lambeaux d'azur près du rocher à la silhouette de Vierge, un bruit de sonnailles traîne le son cristallin de ses clochettes jusqu'au cœur des buissons.

Un troupeau impatient se déplace, accompagné d'un bêlement.

La vieille Cabri, à petits pas feutrés, s'approche du fenestron, le regard rivé à la houppelande d'un jeune berger. Cette image se découpe dans une clarté naissante. Le port de tête, la démarche, lui rappellent son cher amour. Sébastien, le fils de Pierre, est là sur le chemin.

Avec crainte, le bâton heurte la porte de la bastideto. Aussitôt la voix de la mère Cabri, un peu serrée dans sa gorge, répond :

« Entre, berger. »

La vaste cuisine semble toute petite. Tout à coup, la présence du jeune berger prend toute la place par son apparition.

Gauche et maladroit, il ne sait que faire, a envie de repartir. Pourquoi est-il venu vers cette femme au visage où brille un regard d'acier ?

La vieille femme désigne le banc, près de la grande table.

« Que veux-tu ? » dit-elle d'une voix sourde.

Les yeux du jeune berger parcourent toute la pièce, interrogeant chaque recoin. Il s'installe sur le banc et dit, d'une voix mal assurée :

« Je suis venu pour...

— Pour boire, tout d'abord, un bon café », dit la vieille chevrière.

Sur la table sombre, elle pose un gros pain de campagne suivi d'un pot de miel.

D'un geste lent, le jeune homme sort un couteau de sa poche et taille une grosse tranche de pain dont la blanche mie respire doucement. La vieille femme l'observe.

« Vous savez, dit Sébastien, je n'ai jamais osé venir vous parler... Je sais qu'on vient de tout le canton pour vos plantes... Mais je vous croyais... un peu sauvage.

— Je le suis... » répond la vieille Cabri.

Sébastien, dans le grand bol de faïence rustique où la vieille femme a servi le café, trempe de petits morceaux de pain. Sans un mot, Cabri, d'une main ridée, pousse devant lui le pot de miel.

Le jeune berger questionne :

« C'est votre miel ? »

Par un signe de tête, la chevrière acquiesce.

« Le curé disait l'autre jour que votre miel sentait bon le genêt. »

La vieille femme se penche. Vers la cheminée, avec un tisonnier à la courbe noircie, elle rassemble quelques brindilles craquantes.

« Ah ! au sujet des genêts, poursuit Sébastien, je voudrais vous demander quelque chose... Vous qui êtes du pays... savez-vous qui fleurit de genêts la tombe de mes parents ?... Le matin, lorsque je passe avec mon troupeau près du cimetière, je regarde par la brèche du vieux mur et je leur adresse un petit bonjour. En cette saison, il y a toujours un gros bouquet de genêts, tout frais cueillis. »

Silencieuse, la mère Cabri regarde avec insistance le foulard que porte le jeune berger autour de son cou.

« Sébastien, dis-moi, pourquoi es-tu venu ? »

Lui, avec la pointe de son couteau, taquine dans le grand bol les petits morceaux de pain s'alourdissant dans le café. Il dresse et baisse rapidement la tête avant de répondre :

« Voilà... Depuis quelque temps je rencontre dans la garrigue une fille pas de chez nous. Elle serre son front par un bandeau, elle cueille des plantes pour teindre de la laine qu'elle travaille sur un vieux métier de bois... Elle vit dans le cabanon loué à Alphonse le santonnier... Je la regarde de loin et... lorsque je la rencontre, elle me dit : "Bonjour, berger." Sa voix est fraîche comme la source de Font Cabrette*. »

La chevrière écoute, les yeux toujours accrochés au foulard du jeune berger.

« Et toi, que réponds-tu ? »

Avec un regard étonné, Sébastien bredouille :

« Je lui fais un signe de la main. C'est tout. Je n'ose pas, mère Cabri. »

Un silence plane dans la vaste pièce. Le berger ne sait trop que faire. Terriblement gêné, il regarde la mère Cabri.

« C'est pour me raconter ton histoire que tu es venu ? »

Un mouvement de tête répond non.

« Je suis venu pour vous demander une plante qui me donnerait le courage de dire à cette belle hippie — c'est comme ça qu'on l'appelle au village — que je l'aime... Mère Cabri, qu'est-ce que ça veut dire, hippie ? »

Pour lui répondre, la voix de la vieille femme a pris un peu de tendresse.

« Les hippies... d'après ce que je crois, sont des gens qui vivent de très peu... au jour le jour... Ils aiment la nature, veulent la protéger. Des écologistes, à leur façon... Enfin ils sont différents des autres. »

Sébastien, rêveur, déclare :

« J'aime bien qu'elle respecte la nature ; mais que faire, mère Cabri, pour lui dire mon amour ? Je vous demande le courage avec une de vos plantes. »

La chevrière, grondeuse, rétorque :

« Écoute-moi bien, Sébastien : aucune plante ne te donnera le courage de déclarer ton amour. Toi seul peux le faire. »

D'un doigt, Sébastien montre le portrait de la Mamette.

« C'est la Mamette ? »

La mère Cabri fait un signe de tête qui met dans ses yeux une fine buée.

« Mon père me parlait souvent d'elle. Il me disait : "C'est une femme extraordinaire. En elle tout est clarté ; une grande richesse de savoir ; pleine d'esprit et de logique. J'ai pour elle beaucoup d'affection. J'aurais tant aimé avoir une grand-mère qui lui ressemble..." Puis il se taisait, les yeux dans le lointain. Il semblait poursuivre un souvenir et restait longtemps silencieux... »

S'appuyant très fort sur le foulard, les yeux de la mère Cabri brillent de larmes.

Le jeune berger, avec vivacité, touche de sa large main le nœud qui fixe le foulard... puis interroge : « Pourquoi vous appelle-t-on mère Cabri ? »

Souriant avec tristesse, la chevrière montre le portrait où, dans un sourire, dort la Mamette :

« C'est elle qui m'a appelée ainsi. Mon nom est Estelle. Lorsque mes yeux se sont ouverts sur la vie, les yeux de ma mère se sont fermés. Alors Mamette a dit : "Je l'appellerai Estelle. Le ciel m'a donné et m'a pris une étoile." Mamette n'avait plus de fille, mais une petite-fille qu'elle a élevée au lait de chèvre. Je gambadais à travers champs et collines ; elle m'appelait son "pitchoun cabri" (son regard brille de plus en plus). Beaucoup de gens ignorent que je m'appelle Estelle. »

Après ce poignant et court récit, la mère Cabri est bouleversée. Elle essaie de lutter contre cette sensibilité qui s'est emparée de tout son être.

Sébastien dit, très ému : « C'est très beau. » La phrase tremble un peu.

Dans la cheminée, le feu s'est rallumé. Des étincelles crépitent dans une danse, s'allument pour disparaître aussitôt sous la cendre.

« Bon, revenons à toi maintenant, dit la mère Cabri. Tu vas trouver ta hippie quelque part dans la garrigue ou près de la rivière. Dis-lui simplement : "Je t'aime". »

Avec précipitation, Sébastien répond, choqué :

« Mais que faites-vous de mon orgueil d'homme ? »

La mère Cabri tape de son poing fortement

sur la table. La colère traîne dans sa voix des notes de détresse.

« Orgueil... Orgueil. Voilà bien le mot que je ne veux plus entendre. Il détruit tant de belles choses, étouffe les sentiments, piétine l'amour. Orgueil... C'est à cause de lui que je suis seule dans cette bastide trop grande pour moi. Je suis passée tout près du bonheur et lui, Orgueil, m'a racorni le cœur, terni le regard, en chargeant mes épaules du poids de la solitude. Orgueil m'a laissé, à travers les années, un goût de fiel ; avec cruauté il a creusé mon visage, effacé mon sourire. Voilà, berger, ce qu'il a fait de moi, Orgueil. »

Le jeune berger, bouleversé, regarde avec tendresse la vieille chevrière qui un jour a aimé passionnément, avec son cœur de belle jeune fille.

Debout, il ressemble davantage à Pierre. D'un pas lourd, il se dirige vers la porte, puis revient vers la mère Cabri. De ses doigts malhabiles il détache le foulard, le pose sur la grande table et dit doucement :

« Depuis ma plus tendre enfance, je vois ce foulard noué au cou de mon père. Il ne s'en est jamais séparé. Lorsqu'il est mort, je l'ai détaché pour le nouer à mon cou... Voilà, mère Cabri, je vous le donne. »

Le jeune berger a fermé la porte avec délicatesse. La vieille chevrière porte à ses lèvres le foulard où les petits points d'or sont à demi effacés et, avec un arrondi de bras, le fixe sur sa tête à la façon gitane.

Le soleil entre par le fenestron, traverse la pièce d'un jet oblique où des grains de poussière prennent des clartés d'étoiles.

Octave Calendrin a marqué un temps d'arrêt, puis, avec un ton différent, poursuit :

« Dans la ferme voisine, un chanteur-poète est venu se reposer pendant une quinzaine de jours. Il est de Saint-André, dans les Alpes-de-Haute-Provence. Nous avons sympathisé. Je lui ai raconté cette histoire. Avec de la musique et de la poésie, il a fait naître une chanson qui porte le titre "Au fil du temps". Ce troubadour de Provence s'appelle André Peyron. »

Avec ces mots, Octave Calendrin bourre sa pipe. Gavée de soleil, la treille enivre le banc d'une ombre agréable.

Là-bas au loin dans la plaine se dresse la masse ondulante de nos collines, dans l'éclat doré de cette fin de journée.

Plus près, par affection, les vieilles maisons, aux toits un peu de travers, offrent au regard un petit village assis sur la colline.

Chichourle est parti vers un fourré. Sur la margelle du puits, un pigeon roucoule un au revoir.

Octave Calendrin a baissé les paupières afin de poursuivre le carrosse du souvenir.

J'ai repris le chemin allant vers la grand-route qui mène à la ville où m'attendent le bruit et l'indifférence. Je presse le pas.

Chez moi, devant mon bureau, je confie à ma plume le titre :

Un banc sous la treille

LEXIQUE

A qui li sian : là, j'y suis.
Agassin : cor au pied.
Baguier : le laurier.
Balicot : le basilic.
Banaste : une grande corbeille en osier.
Bastideto : une bastide joliette.
Bélugo : une étincelle.
Béluguié : une gerbe d'étincelles.
Biasso : une besace.
Boudiou : équivalent de « Bon Dieu », expression fréquente en provence.
Boueno anado, ben granado : bonne année, bonne récolte.
Brègue : une moue exagérée.
Bugades : les grandes lessives.
Caminet : un petit chemin, un sentier.
Carignée : de *carigna*, courtiser avec tendresse.
Cebettes : des oignons frais.
Cézé : pois chiche provençal.

Chichourle : jujube, fruit du jujubier.
Coucourdo : une courge.
Coudoun : un pincement de cœur.
Coufo : un cabas long et large tressé de fibres végétales.
Cougourde : un potiron.
Couladou : trouée du lavoir qui permet à l'eau de s'écouler.
Cousteline : plante de nos collines, particulièrement appréciée par Henri Capra, dessinateur.
Dado : diminutif de Léonard.
Draille ou *draïo* : chemin affecté au passage des troupeaux.
Escartefigue : personnage figurant dans la trilogie de Marcel Pagnol, *Marius*, *Fanny*, *César*.
Esquicher : presser, serrer, ratatiner.
Esse aqui : il est là (en provençal).
Estouffade : étouffement saccadé.
Farigouleto : thym, plante odorante des garrigues.
Favouion : un petit crabe.
Feissino : un fagot.
Fenestron : une petite fenêtre.
Font Cabrette : point d'eau dans la colline pour les troupeaux (dans le cas présent).
Fougasso : genre de brioche allongée, dessert provençal.
Fouletoun : un petit lutin magicien.
Gabian : un albatros.

Galavard : se dit d'une personne qui se gave comme une oie.
Galoubet : petite flûte provençale.
Gangassant : de *gangasser* : dodeliner de la tête.
Gapeau : petit fleuve du Var qui prend sa source près du village de Signes.
Goïo : boiteuse.
Grattou : un casse-croûte copieux.
Lou pantai dou pastre : le rêve du berger.
M'agrado : me plaît.
Margotin : un petit fagot fait de brindilles.
Maset et *Masoulet* : un petit mas.
Mistoulinet : étriqué et fluet à la fois.
Moulon : un tas de...
Olivastré : un olivier sauvage.
Parpello : paupière.
Pébré d'aï : sarriette.
Pego : cordonnier.
Pendelote : une tresse d'ail ou de tomates, mais aussi une variété de tomates.
Pendoulet : synonyme de pendelote.
Pescadou : un pêcheur.
Piadon : coquillage, genre de bernard-l'hermite.
Pichoto : petite.
Pignes : pommes de pin.
Pompe à huile : sorte de galette que l'on mange lors de gros souper, ou au soir de Noël.
Poulideto : joliette.

Poutoun : un baiser.

Prendre la fraîche : jouir de la fraîcheur du soir.

Rapplot : un homme petit, aussi large que haut.

Ratafia : il y en a plusieurs sortes : à l'anis, aux quatre fruits (cerise, framboise, groseille et mûre), aux cerises, aux cerises framboisées, aux raisins muscats, au brou de noix, à l'abricot, à la fleur d'oranger, au cassis, au genièvre, aux grenades. La recette la plus simple, celle de même, est la suivante : prendre du raisin muscat bien mûr, l'égrener et, après l'avoir bien écrasé, le passer au tamis ; pour un litre de jus obtenu, mettre un litre d'eau-de-vie, un bâton de cannelle, un demi-kilo de sucre en morceaux imbibé d'eau froide ; mettre le tout dans un bocal, laisser infuser une quinzaine de jours, passer ensuite à travers un linge, mettre en bouteille bien bouchée et le porter à la cave jusqu'à la tentation.

Rataillons : petits bouts de quelque chose ; un petit bout de ruban, de tissu.

Restanque : un petit muret de pierres non scellées.

Rigalado : boire avec la tête penchée.

Rodou : une ronde de champignons.

Safranés : champignons couramment appelés lactaires délicieux.

Salins : petit port de pêche en Méditerranée, tout près de Hyères.

Sartan : une poêle à frire.

Siéton : une assiette à dessert.

Tambour de Cassis : légende provençale.

Tarentelle : danse napolitaine.

Tartarinesque : qui prend des airs de Tartarin, personnage d'Alphonse Daudet, *Tartarin de Tarascon*.

Testardigé : entêtement.

Testardo : têtue.

Tian : récipient provençal vernissé de l'intérieur.

Tistou : frère de sang de grand-père, personnage d'un conte qui a pour titre « Emile et Tistou ».

Toupin : récipient en terre d'Aubagne fermé par un gros bouchon.

Una setia : en langue corse, sorte de veau en bois qui se portait le plus souvent sur la tête.

Vaï : allons va.

Table

I

II

III

Achevé d'imprimer en mai 1998
sur presse Cameron
par ***Bussière Camedan Imprimeries***
à Saint-Amand-Montrond (Cher)
pour les éditions FLAMMARION

— N° d'édit. : FF759901. — N° d'imp. : 982594/1. —
Dépôt légal : mai 1998

Imprimé en France